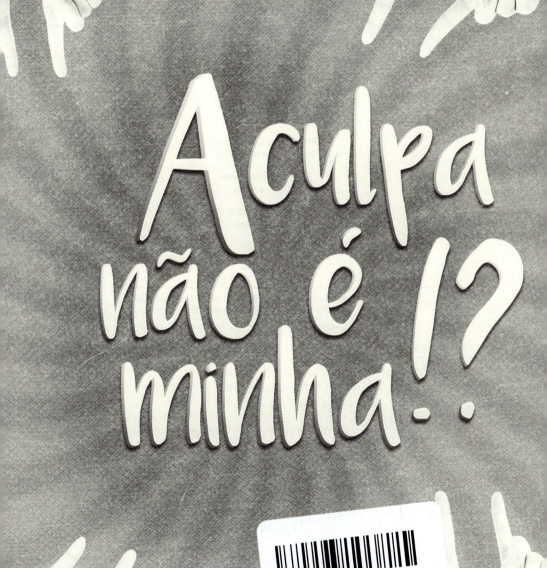

Copyright© 2018 by Literare Books International.
Todos os direitos desta edição são reservados à Literare Books International.

Presidente:
Mauricio Sita

Capa e Diagramação:
Lucas Chagas

Revisão:
Camila Oliveira

Diretora de Projetos:
Gleide Santos

Diretora de Operações:
Alessandra Ksenhuck

Diretora Executiva:
Julyana Rosa

Relacionamento com o cliente:
Claudia Pires

Impressão:
RR Donnelley

Dados Internacionais de Catalogação na Publicação (CIP)
(eDOC BRASIL, Belo Horizonte/MG)

C235c   Canuto, Allessandra.
     A culpa não é minha! / Allessandra Canuto, Adryanah Carvalho,
Ana Luiza Isoldi. – São Paulo (SP): Literare Books International,
2018.
     184 p. : 16 x 23 cm

     ISBN 978-85-9455-111-5

     1. Administração de conflitos. 2. Comportamento organizacional.
3. Psicologia. I. Carvalho, Adryanah Carvalho. II. Isoldi, Ana Luiza.
III.Título.

CDD 658.4

Elaborado por Maurício Amormino Júnior – CRB6/2422

Literare Books
Rua Antônio Augusto Covello, 472 – Vila Mariana – São Paulo, SP.
CEP 01550-060
Fone/fax: (0**11) 2659-0968
site: www.literarebooks.com.br
e-mail: contato@literarebooks.com.br

A culpa não é minha!?

AGRADECIMENTOS

ALLESSANDRA CANUTO

NO PAPEL DE

FACILITADORA: quero agradecer a todos os professores que tive na vida e que me oportunizaram ter a visão sistêmica de hoje.

PALESTRANTE: também à Silvia Garcia por me reconhecer e me encorajar a trilhar meu caminho de mãos dadas com minha autenticidade.

COACH: a Nelson Karsokas Filho por estar ao meu lado nos profundos momentos de apropriação das minhas competências e, com sua amorosidade, me incentivar para que eu replique o mesmo com mais e mais pessoas.

MEMBRO DA FAMÍLIA: a minha mãe Emília, meu pai José e meus filhos Bruno e Caio, por me permitirem exercitar diariamente o amor incondicional e a compreensão das diferenças.

ATUAL ESCRITORA EM QUE ESTOU ME TORNANDO: a Deus por confiar em minha capacidade de impactar o maior número de pessoas compartilhando meus conhecimentos e experiências, e também a minhas parceiras de jornada Adryanah Carvalho e Ana Luiza Isoldi.

ADRYANAH CARVALHO

Olha só como é a vida... obrigada a todos que me experienciaram em conflitos nas mais variadas formas, tantas e intensidades. Ajudaram-me a ser esse construto que hoje elabora conceitos sobre gestão de conflitos. E nessa vasta experiência humana agradeço também às pessoas que encontrei no caminho e que me ensinaram tanto: meu pai, o professor Mandian e minha mãe, Mirtes; meus irmãos, personagens que primeiro nos colocaram em conflitos disputando espaço e atenção, Madian Filho, Anastácia e Sérgio Netto (cunhado); meus filhos Jackson, Victor e Mariana; minhas amigas/irmãs na jornada da vida, Bianca Feres, Szana Grijó, Claudia Paixão e Conceição Santana. A todos os mestres que encontrei na caminhada, representados por Allessandra Canuto e Ana Luiza Isoldi, que juntas sonharam comigo o sonho deste livro e a Gilberto Cabeggi, grande mentor desse caminho, a ele, só gratidão. Todas essas pessoas foram presentes maiores de Deus, grande Mestre da minha existência.

ANA LUIZA ISOLDI

Gratidão ao universo que conspirou para que me juntasse à Alessandra e Adryanah neste propósito de autorresponsabilização para construir o mundo em que queremos viver... Gratidão a todos que vieram antes de mim, especialmente a meus pais, e a quem vem depois, Lorena, com quem tenho a oportunidade de compreender a importância das ordens no sistema... E gratidão àquele que escolhi como companheiro, Gustavo, com quem aprendo cotidianamente a me relacionar.

Allessandra Canuto, Adryanah Carvalho & Ana Luiza Isoldi

PREFÁCIO

O livro *A culpa não é minha* é uma obra essencial nos dias de hoje. Estamos vivendo em um ambiente polarizado, com altos índices de pessoas sofrendo com ansiedade e depressão. As cobranças por resultados em todas as áreas da vida são enormes. Nesse cenário, os conflitos surgem das mais variadas maneiras. A grande questão que se coloca aqui é: como conduzir esses conflitos?

Muitos chegam como uma faísca, mas acabam atingindo terrenos pouco irrigados (secos até) e geram incêndios que poderiam e deveriam ser evitados. É justamente este o ponto do livro que, você, leitor, tem em mãos neste momento: entender como se dão os conflitos e saber como gerenciá-los para que as duas partes fiquem satisfeitas.

Uma das maiores questões nessas situações é a busca por um CULPADO. Essa é uma das partes mais interessantes do livro. As autoras, brilhantemente, explicam a importância da autorresponsabilidade. Por que reagimos a algumas situações de determinada forma? Allessandra, Adryanah e Ana Luiza ensinam a analisar o seu próprio comportamento. Depois, é preciso entender a situação em si, avaliar os dois lados e buscar um consenso.

É importante entender o posicionamento que você tem. Para ser bem-sucedido nessa missão, é fundamental reconhecer que nem sempre o seu lado é o "certo". Aliás, polarizar a discussão para o lado "certo" ou "errado" já é um engano.

// A culpa não é minha!?

Um conflito pode ser, sim, um momento de aprendizagem. É sobre entender que um não precisa ganhar e o outro perder. Pode ser um ganha-ganha!

Resolver situações de forma estratégica é bom a curto, médio e longo prazos, além de ser um exercício de empatia e negociação. É fundamental saber avaliar os seus pontos e os do outro. Talvez, essas sejam as maiores lições dessas próximas páginas. O conteúdo é explicativo e nos faz refletir sobre como costumamos nos posicionar e reagir às dificuldades do dia a dia e, mais do que isso, nos responsabilizarmos por nossas ações e resultados, lembrando que sempre podemos melhorar a nossa *performance*.

Desejo uma ótima leitura!

Christiane Pelajo
Jornalista

SUMÁRIO

INTRODUÇÃO 11

Você usa alguma destas desculpas? 13

O que é um conflito? 16

Conflitos são oportunidades? 18

PARTE I: 23
EIXO DA PERCEPÇÃO

Como e por que surgem os conflitos? 27

Como evoluem os conflitos? 31

Quais elementos constituem um conflito? 32

PARTE II: 39
EIXO DA RESPONSABILIZAÇÃO

Quais conflitos você tem enfrentado? 41

Quais são as causas dos conflitos? 44

Quais as principais diferenças 49
geradoras de conflitos?

Outras causas grandemente 53
responsáveis por conflitos

PARTE III: 55
EIXO DA CONEXÃO

O caminho para a solução de conflitos 57

Resolvendo conflitos na prática 61

PASSO 1: perceber como 61
você lida com o conflito

PASSO 2: identificar e assumir 90
a sua responsabilidade pelo conflito

PASSO 3: desenvolver habilidades 99
para lidar com o conflito

PASSO 4: agir na direção 126
da solução do conflito

PASSO 5: identificar, mensurar 134
e resolver o conflito

ENCERRAMENTO 177

Uma estrada em direção a nós mesmos 179

O poder da escolha 181

Introdução

// A culpa não é minha!?

Você usa alguma destas desculpas?

Este livro é direcionado a quem quer lidar melhor com os seus conflitos internos e externos, em seu cotidiano pessoal e profissional.

Para iniciar, é imprescindível pensar nas inúmeras desculpas que encontramos para não trabalhar nossas questões.

A coisa mais fácil do mundo é encontrar justificativas para nossas atitudes e para continuarmos do jeito que estamos. Mas, o quanto isso contribui para nossa evolução?

As desculpas mais frequentes estão agrupadas por afinidades.

Vamos começar com um autodiagnóstico?

Por favor, cheque se algo faz sentido para você.

• Necessidade de segurança

Não quero começar enquanto não estiver totalmente seguro.

Eu estou bem. Outras pessoas estão bem piores.

Odeio meu trabalho, porém tenho que agradecer, porque pelo menos tenho trabalho.

Não tenho o melhor casamento do mundo, mas pelo menos não brigamos todos os dias.

Não temos muito, mas pelo menos não passamos fome.

Passei no curso, mas não me destaquei. Tenho que aceitar, não sou tão inteligente como as outras pessoas.

• Transferência de responsabilidade

A culpa não é minha.

O grande problema que enfrento é a falta de apoio de meu marido.

Se meus pais não tivessem se divorciado, quem sabe não tivesse desenvolvido tantos complexos.

Meu problema está no fato da minha mulher ser muito menos do que eu.

É que neste país o empresário não tem apoio do governo.

Eu sou trabalhador, mas com esta economia não dá para prosperar.

Eu não tive professores que me motivaram a seguir adiante.

13

Meus pais não puderam pagar uma escola boa, por isso não consigo um bom emprego.

• As falsas crenças

Como meu pai era alcoólatra, com certeza eu também serei.

Eu não quero ter muito dinheiro, porque o dinheiro corrompe.

Quanto mais alguém tem, mais escravo é do que tem.

Como fiz faculdade, seguramente não alcançarei muito na vida.

Meus pais gostam mais do meu irmão, porque ele é médico e eu não.

Meu problema é a timidez em excesso. Creio que isso é de família, pois minha mãe também era assim.

• Escusar o inexcusável

Gostaria muito de fazer exercício físico, mas não tem nenhuma academia perto de onde moro.

Não quero começar nada novo, até me sentir totalmente seguro de que posso dar cem por cento de mim.

Queria ler mais, porém não tenho tempo.

Não quero começar até que não saiba fazê-lo perfeitamente.

Já fiz quatro cursos de formação para ser *coach*, mas ainda não domino as técnicas.

• Impotência

Eu não consigo, não encontro solução.

Está difícil, não vejo saída.

Eu nunca fui bom para isso.

Seguramente, o êxito não é para todo o mundo.

Minha gordura é um problema genético, não há nada que eu possa fazer.

Há coisas que se você não aprende quando é pequeno, fica muito difícil aprender depois de grande.

Isso está fora da minha alçada, então não posso fazer nada.

Os políticos são todos corruptos, mas o Brasil é assim desde o seu início, é da nossa cultura e continuará assim.

Nesta empresa só se promove quem tem cartucho.

// A culpa não é minha!?

• Filosofais

O importante não é ganhar, mas competir.

Se Deus quiser meu triunfo, me mostrará o caminho. Tenho que esperar com paciência.

O que eu posso fazer? Uns nascem com boa sorte, outros não.

Só se eu estudar, vou arrumar um emprego e progredir.

O rico sempre é mais rico e o pobre sempre é mais pobre.

Quem nasce pobre não tem oportunidade.

• Autoengano

O dia em que eu decidir deixar de fumar, deixo sem nenhum problema, mas ainda não quero fazer isso.

Não é que eu gosto de deixar tudo para o último minuto, apenas trabalho melhor sob pressão.

Eu não sou gordo, tenho composição grande.

Para criar bem meus filhos, preciso mostrar para eles como a vida é difícil, por isso trabalho tanto.

Alcoólatra, eu? Só me excedo de vez em quando.

• Necessidade de controle

Trabalho muito enquanto posso produzir, para garantir uma velhice feliz.

Se eu construir um processo perfeito, o projeto não tem como dar errado.

Meus filhos não saem à noite, para não conhecerem más companhias.

Meu marido não viaja a trabalho sozinho, porque assim sei que não vai me trair com ninguém da empresa.

Se você se identificou com alguma dessas situações ou passa por similares, significa que você tem várias boas desculpas para não evoluir e está envolvido em algum tipo de conflito consigo mesmo ou com os outros.

Se você quer implementar mudanças para melhorar sua qualidade de vida, é interessante identificar as questões e tomar atitudes diferentes daqui para a frente.

O que é um conflito?

Para identificar se estou em conflito, é interessante refletir sobre o que o configura. Sem entrar na discussão acerca dos fundamentos filosóficos para a criação do estado, mas o fato é que vivemos em uma sociedade ordenada por normas coercitivas, determinadas a tornar possível a convivência humana por meio de limitações à liberdade.

Como bem ressalta Petrônio Calmon, "a vida social é normalmente harmônica". E continua:

> Em geral, as pessoas atendem à regulação espontaneamente, cumprindo as obrigações que assumem ou provocam. Mesmo surgindo controvérsias sobre a aplicação da lei, diante da vontade de conviver pacificamente, as pessoas tendem a elaborar soluções amigáveis, resolvendo com certa naturalidade suas relações. Todavia, a sociedade não convive sem o direito (*uni societas ibi jus*). A tarefa da ordem jurídica é, pois, promover e harmonizar as relações sociais, mediante normas de controle.

Contudo, a existência do estado e da regulação social não é suficiente para garantir que o ordenamento jurídico seja cumprido e a pacificação social alcançada. Isso porque a pretensão das pessoas em relação ao exercício de um direito dependerá da interpretação da ordem jurídica e dos fatos.

Neste contexto, para Petrônio Calmon, duas situações se apresentam. Pode acontecer o exercício desse direito, sem qualquer resistência ou impedimento. Essa satisfação gera harmonia. É a regra.

Pode também ocorrer o não exercício desse direito, por causa de obstáculos postos à pretensão do interessado, que podem decorrer da resistência de outrem ou da própria regulação jurídica. Essa insatisfação gera conflito. É a exceção.

A etimologia nos ajuda a entender que conflito vem do latim *conflictus*, particípio passado de *confligere*, que vem de com = junto + *fligere* = golpear, atacar, ou seja, significa "bater junto, estar em desavença".

// A culpa não é minha!?

O dicionário traz o significado de conflito em várias acepções diferentes, dentre as quais se destacam as seguintes: profunda falta de entendimento entre duas ou mais partes; choque, enfrentamento; discussão acalorada, altercação; ato, estado ou efeito de divergirem acentuadamente ou de se oporem duas ou mais coisas. A definição de conflito, porém, é muito mais complexa e difícil.

Segundo Josef Redorta, diversos autores procuram definir o conflito. Deutsch afirma que o conflito ocorre a cada atividade incompatível com outra, ou seja, quando previne, obstrui, interfere, prejudica ou, de alguma maneira, posteriormente, torna a ação menos agradável ou menos efetiva.

Rubin, Pruitt e Hee opinam a respeito do conflito significar diferenças de interesses percebidas, ou uma crença que as partes, em suas aspirações normais, não podem alcançar simultaneamente.

Johan Galtung distingue disputa (referente a duas pessoas perseguindo o mesmo bem escasso), dilema (referente a pessoas buscando objetivos incompatíveis), contradição (referente à dialética entre um objetivo desejado e a forma eleita para alcançá-lo) e conflito (referente às atitudes pessoais, adicionado à conduta e às contradições, em uma tríade que somente pode ser abstraída teoricamente, com um nível latente e outro manifesto).

Enrique Fernandes Longo traduz conflito como: "tensão entre desejos e possibilidades, que estão competindo com outros desejos e com outras possibilidades".

Para Raúl Calvo Soler, "uma relação de interdependência entre dois ou mais atores, que percebem seus objetivos como incompatíveis aos de outros (conflitos percebidos) ou não percebendo, assim, os fatos da realidade geram dita incompatibilidade (conflitos reais)".

Na mesma linha, Remo Entelman ressalta a importância da consciência do conflito como ato intelectual dos atores que, numa relação, percebem metas incompatíveis entre si. A percepção da incompatibilidade dos objetivos é um passo anterior à consciência do conflito.

Eduardo Infante define conflito interpessoal como um processo cognitivo-emocional, no qual dois indivíduos percebem metas incompatíveis dentro de uma relação de interdependência e o desejo de resolver suas diferenças de poder.

E, ainda, aprendemos com Gabriela Jablkowski1, que o conflito é um trajeto, um espaço entre um ponto e outro. Não é estático como uma fotografia, mas está em constante movimento.

Para o presente livro, interessa analisar o conflito a partir de diferentes óticas, que interagem, sofrem influências, trocas recíprocas, sobreposições, distanciamentos, contradições e paradoxos.

Conflitos são oportunidades?

O idioma chinês utiliza para configurar o ideograma da palavra crise (conflito), outros dois, que somam perigo e oportunidade.

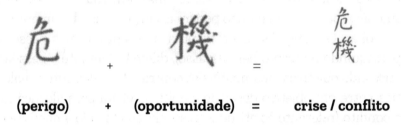

(perigo) + **(oportunidade)** = **crise / conflito**

Ninguém gosta de conflitos. Simplesmente porque eles nos obrigam a agir e, em grande parte das vezes, temos aquela imensa vontade secreta de que todos nos deixem "quietos no nosso canto", seguindo com a vida.

Olhando atentamente, é possível observar que a grande maioria das pessoas busca a paz em todas as suas relações, inclusive consigo. Estamos sempre atrás de fazer ou deixar de fazer coisas para nos sentirmos em harmonia com quem ou aquilo que entendemos ser bom para nós.

A felicidade é uma necessidade humana. Falar sobre ela na abertura deste livro é imprescindível, afinal, queremos lidar melhor em situações de conflito, para nos sentirmos mais felizes ao conseguir transpô-la ou ao aprender algo importante com tal dificuldade.

---

1 - Aula ministrada em São Paulo, na Semana de Mediação Organizacional, promovida pela ALGI Mediação, em parceria com a APEP, 2017.

// A culpa não é minha!?

Então, resolvemos usar o estudo mais longo e completo, realizado nos últimos tempos, sobre a felicidade. Esta pesquisa foi concebida por um grupo de estudiosos, incluindo o psiquiatra Robert Waldinger, quarto diretor deste projeto de 75 anos de acompanhamento à vida de 724 pessoas, que conclui incríveis constatações vinculadas as nossas crenças, nos estimulando a compartilhar o conteúdo neste livro:

- Conexões sociais são muito boas para nós e a solidão mata;
- As pessoas mais conectadas socialmente com a família, amigos e comunidade, são mais felizes do que as pessoas com poucas conexões;
- A experiência de solidão é tóxica;
- Pessoas mais isoladas descobrem que são menos felizes. A saúde física decai na meia idade e o cérebro se deteriora mais cedo. Têm vidas mais curtas em comparação aos não solitários;
- A qualidade dos relacionamentos é mais importante do que a quantidade;
- Viver no meio de conflitos é ruim para a saúde;
- Falta de afeto é muito ruim para a saúde;
- Relações boas e reconfortantes nos protegem;
- A satisfação das nossas relações aos 50 anos poderá influenciar a nossa saúde aos 80 anos;
- Relacionamentos bons e íntimos nos protegem de circunstâncias adversas ao envelhecer;
- Relações saudáveis protegem não apenas nossos corpos, mas também nosso cérebro e melhora nossa memória;
- Envelhecemos mais saudáveis quando há a certeza de que temos com quem contar quando as coisas ficam difíceis.

Naquela época, os jovens convidados a participar da pesquisa acreditavam que dinheiro e sucesso eram importantes para ser feliz.

É uma felicidade constatar que, apesar dos jovens de hoje, em sua tenra idade, ainda acreditarem na felicidade atrelada à riqueza e à fama, esta certeza irá se transformando com o passar do tempo. É possível que a maioria deles também acredite nos bons relacionamentos como ingredientes essenciais para se manter feliz e saudável.

A vida, com muita frequência, nos apresenta desafios e, por vezes, nos deparamos com situações bem complicadas e distantes da sonhada harmonia. Às vezes somos convidados ou mesmo intimados a enfrentar conflitos. Outras, somos nós que os provocamos, consciente ou inconscientemente.

Podemos sucumbir a essa realidade dura e nos darmos por vencidos, ou então procurar absorver cada cenário de dificuldades como um desafio interessante a ser superado – entendendo que cada situação nos ajuda a conquistar a sensação de autossuficiência, que tanto desejamos. Em outras palavras, o tempo todo fazemos escolhas. De todas as nossas escolhas surgem consequências. Cabe a nós escolher o que, quando e como fazer com os recursos dos quais dispomos.

E então, se vamos nos deixar vencer pelos conflitos ou se, por outro lado, vamos encará-los como oportunidade de conquistar uma vida em harmonia, com equilíbrio, concórdia, entendimento e conciliação – internamente falando, em relação a nós mesmos e, também, em nossos relacionamentos interpessoais.

Neste contexto, surge o propósito deste livro: indagar como lidamos com os conflitos e quais atitudes podemos ter em nossa tomada de decisão, para melhorar nossas relações e reagirmos de forma estratégica e adequada em relação aos conflitos. Nosso objetivo é ampliar a sua percepção, para aumentar a possibilidade de você fazer as escolhas que o levem ao estilo de vida desejado.

Comece pensando sobre estas questões:

O que o conflito significa para você?

Como você reage quando surge um conflito?

Você encara todos os conflitos da mesma forma?

Em que medida você contribui para os conflitos em que está envolvido?

Quais são as atitudes dos outros que disparam posturas em você e o convidam a gerar conflitos?

// **A culpa não é minha!?**

Consegue identificar algum conflito em que você se fez de vítima? Quais os desdobramentos?

Como podemos perceber oportunidades em um conflito?

O que você pode fazer para evitar o aumento de conflitos?

Estas e outras questões serão trabalhadas neste livro, sem trazer respostas precisas, já que a vida não tem um manual a ser seguido, mas ideias, práticas, técnicas e atitudes estimulantes a reflexões e respostas sobre o que fazer em seu cotidiano, para prevenir, gerenciar e solucionar conflitos.

Utilizamos, fundamentalmente, três pontos principais: a percepção, a responsabilização e a conexão. Estes serão os eixos sugeridos no processo de solução de conflitos e na conquista da harmonia, nos mais diversos ambientes em que vivemos.

Para não ficar só na teoria, vamos propor também exercícios para a jornada da mudança.

Parte I:
eixo da percepção

// A culpa não é minha!?

Nesta fase do livro, vamos usar o máximo de recursos para contribuir à ampliação da percepção em relação ao que envolve um conflito.

O primeiro passo para fazer algo diferente é ter consciência, ou seja, entender o que nos leva ou não a agir, repetir padrões e continuar sempre fazendo as coisas do mesmo jeito.

Reconhecer o nosso sistema, ter consciência de que nada em nossas vidas acontece por acaso e tudo contribui para nos tornarmos hábeis em negociação e solução de conflitos, é o primeiro grande passo.

Nossa preparação vem desde a nossa família, situações pelas quais passamos, parceiros escolhidos, filhos, amigos e trabalhos.

Somos, desde pequenos, testados e preparados para enfrentar situações difíceis. O nascimento é o primeiro grande desafio.

Apenas precisamos relembrar, resgatar e aplicar nossas habilidades naturais na vida atual.

Nosso convite é para que você se permita fazer um mergulho interno, respondendo as seguintes perguntas:

- O que motiva você a fazer as escolhas do jeito que vem fazendo?
- Qual é a sua real vontade de agir de maneira diferente para obter resultados melhores do que já vem obtendo?
- Como se manter em equilíbrio em meio a um conflito e agir a partir dele?
- Como conseguir reconhecer seu ponto de equilíbrio interior, para se manter saudável e agir a partir de uma nova condição, mais positiva?
- Como identificar as situações que disparam atitudes destrutivas diante de um conflito?
- Quais os conflitos presentes na sua vida hoje?
- São conflitos internos, ou externo, com outras pessoas?

Quando descobrimos estas respostas, aproveitamos melhor a nossa experiência com a vida.

Um exemplo bem interessante sobre como trabalhar com conflitos, aconteceu conosco, enquanto escrevíamos este livro.

Deparamo-nos com dúvidas sobre nossa suficiência para escrever sobre o tema. Então, aplicamos as reflexões anteriores e tudo clareou.

Quando nos perguntamos por que estávamos pensando na nossa possível incapacidade em escrever um livro, sentimos uma certa sabotagem em nosso propósito. Porém, não tínhamos o direito de fazer isso, nem conosco, nem com as pessoas com quem havíamos nos comprometido a passar nossos conhecimentos e nossa experiência nessa área.

Então, percebemos que esta era uma oportunidade de nos dotarmos de protagonismo e da força da nossa responsabilidade com tudo o que nos envolvemos. Escolhemos como mecanismo de alavancagem o valor da nossa palavra.

Chegar a este trabalho com a compreensão de estarmos neste momento foi fruto de muita disponibilidade para lidar com nossas sombras ocultas e já reveladas. Tivemos que nos deparar com nossas incapacidades, para desenvolver potencialidades.

Esse é o ponto. Assumir a nossa responsabilidade pode ser desafiador, mas não é tão dolorido quanto passar a vida fugindo dela. Aceitar nossas limitações é difícil, porém não tão fatigante quanto viver com elas, sem saber o quanto interferem nos resultados que obtemos.

Quanto mais nos jogamos na vida, mais experimentamos as possibilidades de aprender com ela. Somente estando à disposição de obter um autoconhecimento é que saberemos mais sobre os outros em nosso entorno. Por isso, a melhor coisa a fazer é parar de se economizar, com medo de sofrer. Afinal, é somente lidando com os conflitos que conseguimos reconhecer o valor da harmonia.

Viver em harmonia é viver a vida a partir da realidade apresentada, ao invés de relacionar-se com a realidade desejada. Significa, principalmente, parar de criar expectativas e idealizações e começar a lembrar, a todo instante, que todo acontecimento na sua vida é uma oportunidade para você aproveitar e crescer.

// A culpa não é minha!?

Como e por que surgem os conflitos?

Os conflitos têm origem nas reações que temos quando encaramos uma situação de forma diferenciada dos demais.

Quais as reações mais comuns diante de um conflito?

A maioria das pessoas enxerga o conflito de modo negativo e aciona todos os meios de defesa disponíveis para afastar o perigo ou o mal iminente.

Todavia, o conflito, inerente à convivência em sociedade, pode ser uma grande oportunidade de melhoria na qualidade de vida, por meio da transformação pessoal e social, a partir da busca de saídas criativas para o problema. A reação de cada indivíduo a cada situação de conflito é muito particular e influenciada por inúmeros fatores.

Normalmente, envolve duas vertentes: interesses próprios (estilo mais assertivo) e interesses dos outros (estilo mais cooperativo). A reação varia conforme a ênfase recai sobre os interesses próprios ou os interesses dos outros. O ideal é o equilíbrio entre essas vertentes, buscando-se compatibilizar os interesses.

Os comportamentos mais comuns são:

a) conceder: privilegia os interesses do outro, em detrimento dos próprios. Prefere sair perdendo do que entrar numa disputa. A pessoa cede e não tem seus interesses atendidos, para não passar por uma situação de confronto ou desconforto. Valoriza a relação.

b) evitar: não privilegia nem os interesses do outro, nem os próprios. Busca fugir, postergar decisões, desviar o assunto do foco do problema ou negar o conflito. A pessoa finge que o problema não existe, para não precisar passar por uma situação de confronto ou desconforto.

c) competir: privilegia os interesses próprios. Busca vencer e obter o máximo de resultado possível, sem se importar em estar prejudicando ao outro. A pessoa aprecia a sensação de obter um prêmio ou conseguir o maior número de pontos.

d) conciliar: harmoniza os interesses próprios aos do outro. Busca um resultado justo, a partir das posições, sem investigar os interesses e agregar valor. A pessoa aprecia o acordo e utiliza um processo rápido e superficial para chegar ao resultado.

e) colaborar: equilibra os interesses de todos os envolvidos. Busca solucionar o problema, com oportunidades de ganho mútuo e o melhor resultado possível. Investiga os interesses que estão por trás dos pedidos para compatibilizá-los.

Observa-se que uma mesma pessoa pode reagir de formas diferentes, conforme a relação, conteúdo e o contexto apresentado.

As pessoas reagem diante de um conflito, em vez de responderem a ele. Essa é a principal causa das dificuldades de solução de qualquer desacordo, por mais simples que seja.

Com frequência, cada uma das partes é colocada em posição de repulsão quando um conflito surge e, depois, cada qual faz questão de defender a sua posição, antes mesmo de analisar a situação.

Esta postura fechada não contribui para uma solução. A pessoa fica esperando um posicionamento do outro, sem refletir no que é realmente importante para si. Entra em barganha, sem compreender seus interesses e sem criar um cenário positivo para uma negociação colaborativa.

Normalmente, as posições são antagônicas, ou seja, são opostas, e uma possibilidade exclui necessariamente a outra.

Exemplos:

Um trabalhador despedido sem justa causa quer receber um milhão de reais, por entender que sofreu danos morais numa relação trabalhista, em função de assédio moral. Porém, a empresa não quer pagar nada, porque, em sua perspectiva, não houve dano.

Um casal separado discute sobre a guarda do filho de um ano. A mãe entende que é pequeno para pernoitar na casa do pai, e o pai, por sua vez, entende que pode cuidar do filho durante a noite.

É bastante difícil que alguém abandone a sua posição logo no início do conflito, porque é comum acreditar que a sua é melhor

// A culpa não é minha!?

e mais correta do que a do outro. Se não acreditasse nisso, já teria mudado de opinião.

Por diferentes motivos, as pessoas gostam e querem ter razão.

Além disso, a sensação de vitimização e impotência, que surge diante de uma situação desafiadora, também é outro dos ingredientes que impedem as pessoas de terem um novo olhar sobre a solução dos conflitos.

Soma-se a isso o "piloto automático" que, nas situações do dia a dia, leva as pessoas a agirem por puro impulso diante de um estímulo, principalmente aqueles contrários à sua forma de pensar e solucionar conflitos, o que acaba por tornar-se especialmente delicado e difícil.

É certo que, na sociedade atual, globalizada e interligada, em que existe uma interface direta entre todos os cantos do planeta, onde as nações e as pessoas precisam constantemente negociar para ocupar espaços cada vez mais amplos, o senso comum de percepção de um conflito vem mudando consideravelmente.

É simples, então, entender a necessidade de sairmos do lugar comum, onde o conflito é visto de maneira extremamente desgastante, e seguir para uma visão mais desafiadora, de confluência de interesses. E isso só pode acontecer se reposicionarmos o nosso padrão mental, de modo a sair do "piloto automático" e nos tornarmos donos de nossas ações.

Somos dotados de um sistema cerebral que nos proporciona economia de energia quando, em determinadas situações, é ativado automaticamente. Tudo acontece porque nosso cérebro é composto por milhares de trilhas neurais, que condicionam nosso comportamento em padrões. Por isso, vivemos muitos dos nossos desafios do dia a dia, sem nem mesmo nos darmos conta – agimos e reagimos no automático, sem pensar.

Estamos o dia todo recebendo informações em quantidades gigantescas, pelos nossos cinco sentidos: olfato, visão, tato, paladar e audição.

Recebemos uma quantidade imensa de estímulos ao mesmo tempo, em uma velocidade que não nos permite perceber, mas que o nosso cérebro administra automaticamente.

E reagimos automática e inconscientemente a cada um desses estímulos, gerando as ações necessárias e correspondentes a cada um deles. Estamos, nesses casos, literalmente no "piloto automático".

Tudo isso que acabamos de descrever é bom, é o lado positivo do nosso "piloto automático". Se não fosse assim, cada atividade ou percepção sensorial teria a necessidade de ser administrada, para chegar a uma conclusão do que deveria ser feito.

Imagine, então, o gasto de energia que teríamos, se para executar cada atividade, por mais simples que fosse, antes precisássemos pensar.

Uma simples caminhada ao pôr do sol, cantarolando uma canção, seria um gasto energético gigantesco e algo possivelmente impraticável: andar, pensar na música, na letra, no tom, olhar o céu, o chão, desviar de algo, sentir os pés, o vento. Estaríamos exaustos ao final do passeio, mas simplesmente ligamos o piloto automático e vamos embora, sem nos preocuparmos com coisa alguma.

A neurociência ensina que nos é permitido fazer tudo isso, utilizando as trilhas neurais gravadas em nosso cérebro, geradas a partir de vivências passadas. Definimos, então, atalhos ou estratégias que seguimos, sem gastar tanta energia para realizar algo que já sabemos como fazer. Esse é o lado bom do nosso "piloto automático", que nos permite fazer várias coisas ao mesmo tempo, sem pensar.

Contudo, agir de maneira automática tem também seu lado ruim, especialmente quando nos envolvemos em conflitos. O mesmo mecanismo que nos ajuda a fazer muitas coisas de maneira mais tranquila em nossa vida é também aquele que nos leva a reagir de maneira automática quando estamos em um conflito.

Ou seja, nossos padrões comportamentais nos fazem reagir automaticamente, diante de um conflito, o que impacta muito em nossas relações com os outros. Automatizamos comportamentos, agimos sem pensar, reagindo diante dos conflitos, mesmo antes de analisar qual é a questão envolvida.

// A culpa não é minha!?

É muito comum nos relacionarmos com os outros, sem nem mesmo perceber o que está sendo feito. É lógico que em um conflito isso não é diferente. Essa é a principal causa da dificuldade de solução de qualquer conflito, por mais simples que seja.

Desse modo, seguimos reagindo a um conflito, em vez de agir de uma forma consciente e que nos proporcione a oportunidade de construir relações saudáveis – o que seria possível, se tirássemos proveito desses momentos desafiadores.

Como evoluem os conflitos?

Os conflitos evoluem passando por várias fases de desenvolvimento, a partir dos níveis de sua manifestação.

Marinés Suares destaca que o conflito não é instalado em um único momento, porque é um processo complexo, composto de vários elementos e fases, algumas privadas, outras públicas. Diferencia conflito de disputa, considerando uma das fases públicas do processo de conflito.

Rümmel divide o conflito em cinco fases: a) conflito latente (a estrutura do conflito está presente, mas o conflito ainda não se manifestou), b) iniciação (a situação de conflito se instala), c) busca do equilíbrio do poder (por meio de atos das partes), d) equilíbrio do poder (pode ocorrer em benefício de uma ou outra parte); e) ruptura do equilíbrio (quando uma parte procura provocar mudança a seu favor).

Para Christopher W. Moore, os conflitos apresentam três níveis de desenvolvimento e intensidade: a) o latente (caracteriza-se por forças implícitas que ainda não foram reveladas por completo e não se converteram em um conflito muito polarizado, sendo possível que as partes ainda não tenham tomado consciência de sua existência ou de sua possibilidade), b) o emergente (as partes reconhecem que há uma disputa, alguns dos problemas são evidentes, mas não se estabeleceu ainda a busca de sua solução) e c) o manifesto (as partes estão envolvidas em uma disputa ativa e contínua, já em busca de uma solução).

Em outras palavras, na fase latente o conflito ainda não se desenvolveu por completo e não há percepção de sua existência;

na emergente, as partes reconhecem a existência de divergências, mas ainda não entabularam uma busca para a solução; na manifesta, as partes comprometem-se a uma disputa dinâmica em busca da solução.

Conforme as fases de manifestação do conflito, Raul Calvo Soler apresenta diferentes planos de intervenção para lidar com elas: prevenção, gestão e resolução.

No âmbito da prevenção, o conflito ainda não foi percebido ou não está conformado com todos os elementos. Os objetivos da intervenção são evitar o conflito, corrigindo os elementos que o causariam, e conduzir o conflito, canalizando os elementos para surgirem de forma controlada.

O plano da gestão pressupõe um conflito que percebido ou existente, os objetivos da intervenção pretendem trabalhar questões referentes à imaturidade ou intratabilidade.

A imaturidade está presente quando um dos elementos impede de buscar a solução. Exemplo: não reconhecer o outro como interlocutor competente; ver o conflito relacionado a um valor que não pode ser negociado.

A intratabilidade surge quando a escalada é tal que os métodos autocompositivos não conseguem resolver. Exemplo: polarização.

No plano da resolução, o conflito já está manifesto e as pessoas buscam formas de resolvê-lo. Mas, quando consideramos um conflito solucionado? Quando entram em acordo, quando desaparece a percepção de incompatibilidade dos objetivos, pois os fatos da realidade não o sustentam. E também quando as pessoas conseguem atingir seus objetivos sozinhas, sem precisar de outras, pois encontram soluções melhores, fora do âmbito da negociação.

Quais elementos constituem um conflito?

Todo conflito é um sistema e, como tal, é formado de várias partes que interagem entre si e influenciam umas às outras. Quando alguma modifica ou busca um novo posicionamento, automaticamente as outras também se deslocam, arrumando-se em uma nova engrenagem que se retroalimenta.

// **A culpa não é minha!?**

Logo, seguindo essa premissa, vem um pressuposto polêmico: ninguém é culpado de um conflito acontecer, mas todos os envolvidos são responsáveis, em algum momento, por criá-lo, mantê-lo ou potencializá-lo.

Podemos perceber isso, por exemplo, em conflitos familiares, que se arrastam por anos seguidos ou mesmo por uma vida toda, e cada parte contribui com algo para mantê-lo, mesmo que inconscientemente. E se formos fazer um levantamento, prestando atenção aos discursos existentes nesses casos, veremos que eles serão sempre atrelados à palavra culpa, onde cada um aponta para o outro, mantendo-se um estado de vitimização coletiva constante.

Contudo, como uma engrenagem que funciona em "perfeita harmonia", existe, implicitamente, uma contribuição harmônica de cada parte, para que o sistema mantenha-se ativo. Pode parecer contraditório, mas vendo a situação como um sistema, é possível perceber que cada uma das partes tem uma contribuição sustentável, alimentando as outras e, consequentemente, o sistema, que no caso é o conflito.

No exato momento em que um dos envolvidos rompe essa frequência e deixa de retroalimentar o sistema, a engrenagem deixa de funcionar, ou seja, não existirá mais uma das partes contribuintes do conflito e, assim, este tende a diminuir, podendo até mesmo se extinguir.

Conflitos são sistemas formados por um tripé que se firma em três pontos complementares: pessoas, problemas e processos.

No que diz respeito às pessoas, podemos dividi-las ainda em três tipos, denominados de atores:

• O primeiro deles é composto por aquelas pessoas diretamente envolvidas no conflito, as quais chamamos de atores principais.

• O segundo nível são os atores secundários, que normalmente relacionam-se somente com uma das partes do conflito. Aquelas pessoas que, embora não conflitem diretamente, influenciam os atores principais e, com isso, contribuem na manutenção e na alimentação do conflito – como, por exemplo, consultores, terapeutas, familiares, filhos, namorados e até as pessoas que já morreram, por conta da imaginação do que elas diriam etc.

- E temos ainda o terceiro nível, composto pelas pessoas que influenciam indiretamente o conflito e que se relacionam com as duas ou mais partes envolvidas no caso. Normalmente, ajudam a solucionar o conflito, acalmando os ânimos e propondo ponderações, como líderes religiosos, pais e amigos em comum. Ou seja, todas as pessoas que, além dos conflitantes, de uma forma ou de outra, estão no cenário influenciador psíquico do conflito, atuando com todos, em busca de uma solução.

Boas perguntas para mapear as pessoas em conflito são:

Quem está diretamente envolvido?

Quem está indiretamente envolvido?

Quem tem interesse no conflito ou na solução?

Quem mais faz parte ou deveria fazer parte?

Quem influencia ou pode influenciar no resultado?

Quanta influência possui?

Que função exerce?

Qual o tipo de liderança?

Que bases de influência ou poder tem cada um sobre os demais?

A relação está baseada na simetria ou na complementariedade?

O segundo ponto de sustentação do conflito é o problema em si, cujas causas podem ser bens materiais ou imateriais, pois podem ser objetos de valor apenas afetivo ou até mesmo um direito que alguém ache que tem. Assim, temos como sustentadores dos conflitos: relacionamentos, por conta de quebra de confiança, expectativas não atendidas ou diferença de poder (financeiro, hierárquico, emocional, conhecimento, informação e outros).

Além de territórios, no sentido de espaço físico ou psicológico, que estão mais relacionados à sensação de segurança, princípios e valores, ou seja, tudo que rege as diretrizes das

// A culpa não é minha!?

nossas escolhas na vida profissional ou pessoal. Causas essas que podem vir isoladamente ou em composições, unindo várias delas, deixando o conflito bem mais complexo.

Ainda dentro do âmbito do problema, é preciso lidar com os diferentes posicionamentos das partes envolvidas. Os parâmetros que diferenciam essas posições dizem respeito ao interesse por trás do conflito e o desejo de ambas as partes. Os interesses podem colocar as pessoas envolvidas no conflito em posições excludentes, diferentes ou comuns.

São excludentes, as situações em que para que uma pessoa consiga o que ela quer, a outra não possa conseguir o que deseja. Podemos citar um exemplo simples: a empresa precisa comprar um carro. As áreas comercial e financeira não querem comprar, para bater a meta do mês em economia. Em contraponto, a área técnica quer um carro, por questões práticas que agilizem a rotina e, portanto, não poderá abrir mão.

Percebe-se que a decisão por uma opção irá automaticamente anular a outra, ou seja, para uma área economizar, a outra fica sem a possibilidade de conseguir o carro que precisa, ou se a área técnica conseguir o carro, as áreas comercial e financeira não batem a meta de economia.

Temos ainda os posicionamentos apoiados por interesses apenas diferentes, que causam conflitos por suas divergências, mas que não extinguem um ao outro. Por fim, existem aquelas situações que surgem dos pontos de interesses semelhantes, que todos disputam, com o mesmo objetivo.

Por trás das posições adotadas pelas partes em um conflito estão sempre os interesses individuais de cada parte, que muitas vezes nem mesmo têm consciência de quais são. Geralmente, são fatores decorrentes de contextos históricos e vivências que formaram um acervo emocional, que muitas vezes desaguam em conflitos, de tal maneira que nem mesmo os envolvidos conseguem dizer exatamente o porquê. Esse acervo dota cada uma de necessidades em níveis diferentes e podem ir deslocando-se desde as necessidades mais básicas, até níveis mais sofisticados de carências.

Boas perguntas para o mapeamento da percepção do problema são:

De que maneira as pessoas percebem o conflito?

Como o descrevem?

Como são afetadas pelo problema?

Que emoções e sentimentos disparam?

Qual a intensidade dessas emoções e sentimentos?

Quais as posições?

Quais necessidades ou interesses buscam suprir?

Quais são as diferenças de percepção?

Quais as causas do conflito?

Quais os valores materiais e imateriais envolvidos?

Quais os pontos em comum?

Quais os limites inegociáveis?

O que estão tentando equilibrar?

Quais soluções já tentaram ou sugerem para resolver?

Quem ganha e quem perde com as soluções propostas?

Para que querem resolver o conflito?

O que vai acontecer se o conflito desaparecer?

O terceiro ponto diz respeito ao processo em si, ou seja, ao modo como o conflito se desenvolve, como as pessoas lidam com ele para resolvê-lo, como se sentem durante este trajeto, que culmina com alguma decisão.

Faz parte desse processo a comunicação, por isso trataremos bastante do tema neste livro.

O conflito pode ser instalado pelo que, quando e como se fala, mas, também, muitas vezes, é instalado pelo que não é falado. Ao negar um diálogo, comunicamos muita coisa.

Além disso, como exposto anteriormente, o processo do conflito tem um andamento ou um crescimento que diz respeito às possíveis fases em que ele pode estar.

Para explicarmos de maneira simplificada, o conflito começa numa fase chamada "conflito latente", em que ainda é possível percebê-lo e tomar atitudes para prevenir que ele evolua. Depois, vai para a fase do processo chamada "conflito manifesto", em que a

// A culpa não é minha!?

melhor coisa a se fazer é trabalhar para resolver, antes que evolua ainda mais, pois a próxima fase é a do "conflito violento", que exige trabalho para conter atitudes que possam vir a causar prejuízos.

Neste pico, trabalhamos o estancamento do conflito, para começar então o processo de redução do evento, para colocá-lo no nível de resolução e então colocar um fim nele, mesmo que, muitas vezes, isso não seja o ideal ou benéfico para todas as partes envolvidas.

À medida que o conflito escala, a comunicação tende a piorar, a relação a romper, e a negociação a fechar. As pessoas fixam-se nas posições e pouco escutam ou consideram o outro. É necessário abrir a comunicação, melhorar a confiança, desescalar o conflito, antes de voltar a buscar uma solução que seja aceitável por todos.

Boas perguntas para mapear o processo de resolução de conflitos são:

Qual o nível de escalada do conflito?

Como está a comunicação?

Como, quanto, quando e para que se comunicam entre si?

Existem falhas de comunicação?

Quais informações faltam para a tomada de decisão?

Qual o nível de risco suportável?

O que pode ser feito, especificamente, para melhorar a comunicação?

Como está a relação?

Qual a intensidade da polarização?

Alguém está excluído?

Como está a relação de poder?

Qual o nível de confiança?

Como está o equilíbrio na relação?

O que pode ser feito, especificamente, para melhorar a relação?

O que ainda não tentaram?

O que pode ser melhorado?

De que é preciso desapegar para resolver?

Quais recursos necessitam para resolver?

Quais recursos disponíveis ainda não utilizaram?

O convite que fazemos é para que haja um novo olhar ao conflito, ou seja, saia do imediatismo, da percepção de dificuldade, seguindo para o entendimento de que, acima de tudo, deve ser bem avaliado. Um conflito, quando visto com sabedoria, pode gerar uma energia transformadora.

O ponto relevante a ser observado é que um conflito não se mantém dentro da apatia, ou seja, ele irá gerar uma instabilidade que colocará as partes envolvidas em movimento. E é justamente isso que vai gerar a energia para a transformação de todas as partes envolvidas.

Mesmo quando não fazemos nada em relação ao conflito, ele se movimenta. Não tem como não se mexer, porque está sempre relacionado a outras pessoas ou elementos. Até mesmo quando decidimos nos afastar dele, geramos uma energia vinda do próprio conflito. É importante sairmos da zona de conforto.

Nessa percepção da energia gerada pelos movimentos de um conflito, temos então a oportunidade de rever questionamentos, posicionamentos, crenças limitantes e ideias potencializadoras.

Enfim, na visão concreta da mudança de posicionamento no momento do conflito, saímos da sensação de um momento devastador, para uma visão de oportunidades. É fazer do limão uma limonada e, talvez, até uma limonada suíça. Aqui está o grande ganho desse reposicionamento: o reconhecimento de um instante desafiador gera grandes oportunidades e novas conquistas.

O conflito gera também aprendizado. Nunca saímos de um conflito da mesma forma que entramos nele. Todas as vezes que entramos nesse processo, somos obrigados a olhar o tema em questão por vários ângulos e isso nos proporciona diversos aprendizados. Nosso principal ganho é a visão ampliada do contexto, o que nos permite tratar um conflito como uma autêntica ferramenta de desenvolvimento pessoal e profissional.

Parte II:

eixo da responsabilização

// A culpa não é minha!?

Nesta fase do livro, nosso convite é reforçar o poder que passamos a ter, todas as vezes que conseguimos identificar nossa parte de responsabilidade, nas situações que vivemos.

Aqui cabe bem na frase da filosofia existencial de Sartre: "não é o que fizeram de você, mas sim o que você fez do que fizeram de você". Ou seja, não temos o controle de tudo o que acontece ao nosso redor e que muitas vezes nos afeta, mas temos o controle de decidir o que fazer quando algo nos impacta.

A princípio, pode parecer angustiante assumir a responsabilidade, pois implica em constatar que estamos experimentando algo aparentemente "ruim", única e exclusivamente, porque fizemos uma escolha ou deixamos alguém escolher por nós. Mas, é justamente deste "lugar interior" que alavancamos mudanças significativas e temos nossos melhores aprendizados.

Muitas vezes, nossa dificuldade em resolver uma questão difícil é não termos claras as principais causas motivadoras dessas ações. Então, nas próximas páginas, poderemos tornar claros os possíveis sabotadores que alimentamos, por não ter claro o que nos impacta.

Quais conflitos você tem enfrentado?

Por várias vezes, ouvimos falar em conflito, divergências, discussões, diferenças, ou outras situações de desconforto com alguém, que não sabemos exatamente o que fazer ou como sair daquele incômodo. São situações cotidianas reais, que nos desafiam constantemente a sair da nossa zona de conforto e buscar um novo posicionamento.

É bem possível que você já tenha passado por situações como essas, que o fizeram sentir-se impotente por solicitar algo a alguém e essa pessoa não lhe dar ouvidos, ou nem mesmo perceber que você estava falando com ela. Ou, pior ainda, não conseguiu entender o que você falava.

Conflitos são frequentes e normalmente exigem empenho e boa vontade para serem resolvidos. Vamos relacionar, a seguir, alguns casos como exemplos. É bastante provável que você se identifique ou reconheça alguns deles.

Em determinada empresa que tivemos contato, em função de uma consultoria, constantemente haviam conflitos no momento de serem apresentados e avaliados os relatórios mensais. Por tratar-se de uma escola e os relatórios serem feitos por profissionais da área de humanas, estes eram extremante dissertativos e focados em aspectos qualitativos. Contudo, a coordenação era feita por um profissional da área de exatas, que tinha a expectativa de relatórios objetivos e quantitativos, permeados de tabelas e gráficos.

Logo, todas as ocasiões de avaliação dos resultados se transformavam em momentos de estresse, onde cada parte navegava no seu modelo de mundo, reagindo aos questionamentos do outro, sem nunca entenderem que, na verdade, havia expectativas diferentes em relação ao mesmo documento.

A questão foi resolvida quando as partes foram chamadas a uma reunião e, juntas, montaram um modelo de relatório que contemplasse as necessidades de ambos os lados, incluindo aspectos qualitativos do processo ensino-aprendizagem e também os aspectos quantitativos da escola como empresa a ser administrada. Desse modo, com cada parte entendendo o modelo de mundo do outro, as expectativas foram atendidas e, então, esse conflito foi resolvido.

Pudemos perceber, durante o processo, que a ansiedade era gerada em cada parte, por idealizarem a solução da maneira que julgavam correta, porém sem conseguirem colocar em prática, porque do outro lado não se compreendia o que estava sendo feito. E cada uma das partes nem mesmo entendia o porquê de tantos questionamentos contrários, uma vez que só tinha aquele modelo de relatório em seu repertório.

Em outra ocasião, durante uma consultoria empresarial, presenciamos a demissão repentina de um funcionário, que trouxe uma redução brusca em sua renda familiar, trazendo grande impacto para todos. As mudanças atingiram desde questões banais, como a necessidade de redução de gastos com lazer, como passeios e pequenos prazeres, até a mudança de endereço, escola, grupos de amigos e toda a família. Enfim, tudo sendo redimensionado para o novo padrão familiar financeiro.

// A culpa não é minha!?

Então, nos deparamos com os inúmeros conflitos enfrentados por aquele funcionário demitido e sua família. O primeiro deles foi um conflito interno, já no momento da demissão, em que a pessoa se questionava desesperadamente sobre como fazer para contar a má notícia aos familiares. Só de imaginar isso, ela já se sentia tensa e angustiada.

Empresas familiares passam, por exemplo, pelo dilema de preservar a estabilidade da relação familiar nos negócios, ao mesmo tempo em que percebem a necessidade de empreender novas conquistas – o que irá trazer, com elas, todos os transtornos que podem desgastar essa relação. Esse questionamento é muito mais comum do que se imagina, em empresas familiares.

Em acompanhamento de um grupo empresarial familiar, vimos de perto essa situação acontecendo. As empresas estavam passando por um momento de sucessão, a segunda geração tinha assumido os negócios havia pouco tempo. Um dos sócios gerenciava as transações e queria investir, ampliar e ganhar novos mercados, inclusive internacionais, enquanto seu irmão não desejava assumir novos riscos, mas sim manter o mercado já conquistado, preservando, principalmente, a qualidade de vida familiar já conquistada.

No campo pessoal, observamos um conflito bastante comum em casais que resolvem se unir depois de terem saído de casamentos anteriores, onde adquiriram hábitos que são incompatíveis com o novo relacionamento, já que são pessoas diferentes. Para que esse casal consiga morar junto, será importante uma série de ajustes de hábitos diários, que devem ser revistos e adaptados. E, embora queiram criar um novo núcleo familiar, possivelmente as pessoas não estão dispostas a abandonar certas práticas antigas a elas confortáveis, e igualmente desconfortáveis ao outro. Instala-se, então, uma situação crítica, onde além do conflito externo entre as partes, passam a ocorrer também conflitos internos, vindos do questionamento daquilo que é preciso desapegar para abrir espaço para o novo.

Agora, pare um pouco e pense a seu próprio respeito. Quais conflitos você tem enfrentado? Como você lida com eles? Quais situações você identifica entre as que listamos a seguir?

43

- Talvez você já tenha se sentido impotente ao solicitar algo a uma pessoa no trabalho e se dar conta de que não foi ouvido ou compreendido.

- Talvez você já tenha sentido ansiedade em idealizar uma solução da maneira que achava mais inteligente e não conseguiu colocá-la em prática, porque a outra pessoa não pensava da mesma maneira que você.

- Talvez você já tenha vivido a expectativa gerada ao pensar que iria ter a aderência das pessoas, numa causa que, para você, era óbvia.

- Talvez você já tenha sentido a frustração de se dar conta dos sentimentos negativos que mergulhamos, quando um conflito se instala na nossa vida.

- Talvez você já tenha experimentado a instabilidade por nos depararmos com uma situação que nos deixa sem saber como agir, pois queremos preservar uma relação, mas precisamos nos posicionar contrariamente à outra parte.

- Talvez você já tenha sentido desânimo e falta de vontade, ao saber que para lidar contra a escalada de um conflito, precisaria sair da sua zona de conforto e fazer coisas a que não estava habituado. Outras vezes, sair completamente do seu modelo de mundo. Independentemente de qual tenha sido a sua experiência com conflitos, não dá para negar que, invariavelmente, nos deparamos com a frustração de perceber nossos sentimentos negativos e, muitas vezes, a sensação de impotência, que se instala em nossa mente, quando um conflito acontece repentinamente em nossa vida.

Quais são as causas dos conflitos?

É importante que consigamos formular hipóteses, checar e identificar corretamente quais são as causas de um conflito, para lidar conscientemente com a abordagem adequada a cada uma das possibilidades.

Por exemplo, se a causa identificada for ligada a bens materiais, isso é algo tangível e menos difícil de ser mediado. Já as causas que envolvem questões emocionais estão encobertas pela subjetividade humana, o que dificulta enormemente a solução.

// **A culpa não é minha!?**

De uma forma geral, compreendemos que a grande geradora de conflitos são as diferenças nos mais variados temas e graus. São as diferenças que nos fazem sair do lugar comum, forçando-nos a ver o mundo pelos olhos de outra pessoa.

Quando isso acontece, temos que, de certa forma, abandonar o que acreditamos e nos deslocarmos para entender o modelo de mundo do outro. Isso é muito incômodo, pois, no nosso inconsciente, é como se discordássemos de nós mesmos, gerando um desequilíbrio interno. A partir da análise dos motivos, objetivos, elementos, dinâmica e das principais razões que levam ao rompimento das relações, Andrew Floyer Acland concluiu que todo conflito surge de uma das seguintes causas, ou da combinação delas:

a) Bens: disputa por bens de diferentes naturezas, que se tem ou representam valor material ou imaterial. Relaciona-se com objetos, direitos, valor econômico e emocional;

b) Território: defesa do espaço físico ou psicológico. Relaciona-se com o sentimento de insegurança, resistência à mudança, dificuldade para delegar e lidar com a burocracia;

c) Relações (vínculos): relaciona-se com as estruturas de poder, as expectativas dentro das relações, o exercício dos papéis, suposições sobre o outro, prejulgamentos, violação dos contratos psicológicos e choques de personalidades;

d) Princípios: referentes à identidade, aos elementos não materiais do conflito, que representam ideologias ou valores, tais como religiosos, políticos, morais, pessoais e públicos. Crenças religiosas relacionam-se com a reputação e a categoria social pública.

O exemplo citado pelo referido autor é muito esclarecedor: dois filhos discutem pela propriedade de determinado móvel antigo que o pai, falecido há pouco tempo, deixou de especificar para qual dos dois deveria ficar. Há disputa relativa a:

a) Bens: está em jogo um bem, porque o móvel antigo é entendido como valioso, tanto em termos materiais (porque é raro e tem alto valor no mercado), quanto imaterial (porque pertenceu ao trisavô e está na família há várias gerações);

45

b) Território: está em jogo uma questão espacial, porque os dois irmãos consideram que o móvel antigo é deles, algo que por direito lhes pertence, tanto no sentido psicológico, como no literal;

c) Relação: está em jogo a estrutura da relação entre os dois irmãos, por conta da disputa de poder e da expectativa gerada pelos papéis que exercem;

d) Princípio: estão em jogo princípios, porque um dos irmãos reclama a propriedade pelo fato de ser mais velho e o outro, mais jovem, por ter recebido uma porcentagem menor do resto da herança.

Disputa por bens

Embora a disputa por bens pareça algo simples de resolver, com um bom grau de objetividade, já que se trata de algo material ou imaterial, muitas vezes, as justificativas que estão por trás do conflito, têm fundamentos extremamente subjetivos e emocionais. Acabam por levar todos os envolvidos a uma disputa acirrada, sem que consigam ver todos os lados do problema.

Podemos observar um exemplo claro dessa situação, quando, numa empresa, duas pessoas entendem que criaram sozinhas um produto inovador e importante, e reivindicam sua paternidade. Por um lado, temos uma percepção concreta do valor financeiro, que pode significar um salto na carreira e nos ganhos, reconhecimento, prestígio e reputação, valor totalmente emocional e, portanto, absolutamente subjetivo.

Disputas por territórios

Quando falamos de disputas de territórios, imediatamente pensamos em algo físico, porém, vale também lembrar que não estamos nos referindo somente à esfera material, mas também aos aspectos subjetivos da mente humana.

Quando sentimos que nosso território subliminar está sendo invadido, nos sentimos ameaçados e isso gera muitos conflitos.

// A culpa não é minha!?

Falamos aqui do espaço psicológico, emocional, que projetamos dentro da nossa mente. Quando sentimos alguém entrando sem autorização nesse espaço, tentando invadi-lo, estabelecemos um conflito.

Por exemplo, no ambiente organizacional, podemos viver situações que vão desde o uso sem permissão da nossa sala ou da nossa mesa, até mesmo as interferências alheias em nosso cargo, em nossa equipe, ou nas áreas e pessoas que influenciamos. Nestes últimos casos, estamos falando da percepção que temos de um território subjetivo, focado em nossa área de atuação.

Também na vida pessoal de um casal, esse território subjetivo pode ser ameaçado, gerando conflitos. É o caso, por exemplo, de quando um dos parceiros sente que o outro está dando muita atenção para uma terceira pessoa, em um momento que deveria ser somente dos dois. Esse também é um conflito de território.

Dificuldades na relação

Os conflitos de relacionamentos são de ordem extremamente intangível, visto que povoam a subjetividade do comportamento humano. Podem ir desde relacionamentos pessoais (íntimos), até relacionamentos profissionais (hostis e desafiadores).

Normalmente, no nosso cotidiano, nos relacionamos com o "piloto automático" ligado, sem perceber concretamente como e quando as nossas diferenças a respeito dos outros começam. Dentro dessa teia de desencontros, acabamos com nossas necessidades fragilizadas. Caso não haja um alinhamento constante de nossas expectativas, ficaremos à mercê de toda a subjetividade do contexto.

Essa subjetividade é tão grande, que podemos ter, em um ambiente profissional, a disputa por uma mesa, que é algo concreto, mas que, na verdade, pode ser apenas a vitrine de um grande conflito de empatia entre as partes conflitantes, que vem se acumulando ao longo do tempo. Na verdade, a mesa foi apenas o meio "encontrado" inconscientemente entre as partes, para embasar seus comportamentos conflitantes.

No âmbito pessoal, muitas vezes, as disputas de casais por filhos simplesmente são instrumentos de vingança mútua, mágoas de amores não mais correspondidos.

As sensações mais presentes durante esses tipos de conflitos beiram a desqualificação e acusações hostis. O que piora ainda mais a situação são as mensagens subliminares trocadas entre as partes, que, embora não sejam verbalizadas, passam toda a energia de uma mensagem pronta para agredir a autoestima das partes envolvidas.

As disputas de poder também estão presentes nos conflitos de relacionamento, direta ou indiretamente, nas mais diversas formas, como as que estamos analisando neste livro.

Estamos colocando em pauta a subjetividade do comportamento humano, quando partes de um conflito se utilizam de poderes que, muitas vezes, são reais – que estão constituídos – e em outros momentos, estão apenas subtendidos nas mentes das partes conflitantes.

Nestes últimos casos, a tendência de perpetuação ou potencialização de um conflito é ainda maior, na medida em que uma parte pode simplesmente não reconhecer o empoderamento das outras.

Temos casos reais de situações de poder no âmbito pessoal, por exemplo, entre pais e filhos, entre o membro de uma família que é o provedor e os demais, enfim, situações em que se confere o poder de alguém sobre os outros. No campo organizacional, temos a hierarquia de cargos, com uma estrutura formal e encadeada de poder.

Em qualquer dos casos que citamos, os conflitos tendem a acontecer, quando uma das partes não reconhece o poder alheio, ou quando o mesmo é abusivo. Nessas duas possibilidades, ficamos completamente presos à subjetividade da interpretação humana – por exemplo, algo que pode ser considerado abusivo para um dos lados, pode ser totalmente normal na prática pelo outro.

Desencontro de princípios e valores

Os conflitos de princípios e valores são os mais complexos e difíceis de manejar, pois esbarram em temas profundos como a identidade, biografia, origem, caráter, missão, filosofia de vida, espiritualidade e ética.

Quando há desencontro de princípios e valores, as mudanças geram mais impactos e envolvem temas delicados e importantes para as pessoas e a incompreensão recíproca necessita de mais esforço para ser superada.

Comumente gera resistência e defesas em diferentes níveis, de acordo com o que cada uma das partes valoriza. E aqui encontramos desejos mutuamente excludentes, isto é, o que uma pessoa quer anula ou inviabiliza o desejo da outra.

Quais as principais diferenças geradoras de conflitos?

Diferenças de expectativas

Essas diferenças estão entre as maiores geradoras de conflitos, pois, de uma forma geral, não praticamos seus alinhamentos, já que normalmente não temos consciência dos desencontros de expectativas entre as partes envolvidas.

Iniciamos e vivemos relações valendo-nos de várias pressuposições comportamentais do outro, que estão total e absolutamente dentro do nosso modelo de mundo, mas não estão necessariamente no modelo de mundo do outro.

Seguimos assim e a cada pessoa que encontramos, com base no nosso "piloto automático", geramos uma série de expectativas comportamentais do outro. Quando essas expectativas não são atendidas, automaticamente entramos em um estado de frustração, cujo tamanho irá variar de acordo com a importância que a pessoa ou a situação tem para nós.

No exato momento em que nos sentimos frustrados, saímos imediatamente em defesa das nossas ideias e das coisas nas quais acreditamos. Nesse contexto das expectativas, tendemos a nos confrontar mais com quem gostamos, em situações importantes para nós. E é justamente nesses casos que a frustração é maior e mais dolorosa.

A maneira mais efetiva de lidar com essas situações é fazer o alinhamento de expectativas com o seu interlocutor, ou seja, constantemente falar ao outro o que esperamos nas situações que estamos vivendo. Dessa forma, ficará claro para cada um o que o outro espera. Assim, será mais fácil sairmos em busca de um meio termo, em prol do bem comum.

Essa prática constante deixa as relações mais saudáveis, além de não permitir que se acumulem sensações desagradáveis, que vão se sobrepondo umas sobre as outras, deixando a relação cada vez mais difícil, até o dia em que não aguentaremos mais e daremos um basta, seguindo rumo a um provável rompimento.

Diferenças de metas e objetivos

Metas e objetivos são outros construtores de conflitos, porque quando as partes envolvidas em um conflito caminham em direções diferentes, às vezes até opostas, podem trazer grandes contradições. A forma efetiva de compatibilizá-los é por meio do alinhamento constante na busca dos interesses e pontos comuns, onde cada parte possa desfrutar da sensação de atingir seus objetivos. Mas, também é fundamental que se contemplem as aspirações do outro com quem se interage, ou seja, é preciso que ambas as partes tenham a sensação de que estão caminhando em direção à realização daquilo que buscam e, assim, todos se sintam satisfeitos.

Diferenças de interesses

Cada parte defende seus próprios interesses. Essa situação leva à construção e manutenção de defesas de ambas as partes, que só causarão e ampliarão os conflitos. Novamente estamos diante da necessidade de fazermos alinhamentos constantes, dessa vez, dos interesses de cada parte.

Diferenças de valores

Nossos valores e princípios, que constituem a base de nossa personalidade, são como formas que ajudam a moldar nossos jul-

// **A culpa não é minha!?**

gamentos. Por serem a base de tudo aquilo que levamos uma vida inteira para construir e que norteiam nossas percepções de mundo e de comportamento, nossos valores estão enraizados em nossa essência e influenciam todas as nossas decisões e negociações. Além disso, podem trabalhar a favor da solução de um conflito, ou, ao contrário, podem potencializar esse mesmo conflito.

Abandonar nossos valores é como abandonar a nós mesmos e a nossa essência. E essa sensação de autoabandono é devastadora. Portanto, para resolver um conflito é importante que os valores de todas as partes envolvidas sejam respeitados. Caso contrário, provavelmente não se encontrará uma solução.

O alinhamento de valores também é, portanto, o que devemos buscar para a resolução de um conflito de maneira satisfatória e duradoura.

Diferenças na percepção de um problema

Cada um de nós vê o mundo de uma forma muito peculiar, ou seja, vemos o mundo pelas interpretações pessoais que fazemos dos acontecimentos. É por meio dessas interpretações que nos relacionamos com os outros. Não nos relacionamos por meio dos fatos em si, mas, sim, usando as interpretações que fazemos desses fatos.

Essas interpretações são geradas por olharmos para o mundo com uma série de lentes que usamos. Como cada um de nós instala lentes diferentes, pois elas dependem da nossa personalidade e do contexto no qual estamos inseridos, consequentemente as interpretações também serão diferentes.

Como cada indivíduo está imerso em seu "mundo particular", com suas percepções individuais da vida, cada um sai em defesa do seu próprio modelo de mundo. Em resumo, um mesmo aspecto de um conflito pode ser visto de muitas maneiras distintas pelas muitas pessoas que estiverem envolvidas nele. Assim, fica bastante difícil chegar a um ponto comum que ajude a resolver o conflito.

Mais uma vez, o alinhamento das diferentes percepções do problema é o que tende a diminuir as diferenças e favorecer a solução dos conflitos.

Diferença no estilo da comunicação

Todo conflito engloba um sistema de comunicação em ação. Dentro desse sistema, existem as diferenças de estilos de comunicação de cada um dos envolvidos, que geram conflitos. Nem sempre o que falamos é exatamente o que o outro ouve, ou seja, entre a emissão e a recepção da informação, existe uma série de ruídos que podem causar ou potencializar os conflitos.

Também é curioso refletir que algumas pessoas pensam em *Word*, outras em *Excel*, outras em *PowerPoint*, assim, é importante compreender o funcionamento cognitivo e mapa mental de cada um, para acessar a via mais adequada.

Podemos, de outro lado, englobar os sistemas representacionais, explicados pela neurolinguística, como a forma preponderante de cada pessoa decodificar o mundo externo, seja digital, cinestésico, auditivo e visual. Conforme a ênfase é colocada, é possível que as pessoas encontrem dificuldade em compreender. Superar isso, é superar um obstáculo comunicacional e facilitar a resolução de conflitos.

Diferenças óbvias

Nem tudo é óbvio para todas as partes envolvidas em um conflito. Aquilo que é verdade em nosso próprio modelo de mundo, pode não fazer o menor sentido para o nosso interlocutor.

A grande dificuldade é estabelecida quando assumimos que se algo está "tão claro" para nós, é lógico que o outro também pense e se sinta assim, além de ver o que estamos vendo. Dessa maneira, nos comportamos na expectativa concreta de que o outro reaja dentro do padrão esperado por nós. Contudo, essa expectativa está no nosso modelo de mundo e não no do outro, pois é fruto apenas da nossa construção mental.

O mais grave é que, na intensidade cotidiana de nossos relacionamentos, não nos damos conta do quanto isso é um grande gerador de conflitos. Visto que nos relacionamos usando nossa "lente" para ver o mundo, nem nos damos conta de que o nosso interlocutor está vendo, ouvindo e sentindo tudo sob o seu olhar.

// A culpa não é minha!?

Então, para minimizar esse grande gerador de conflitos, é preciso lembrar sempre que o óbvio só é obvio para você e não para o outro. Portanto, é preciso constantemente ter o cuidado de explicar para o seu interlocutor a sua visão dos acontecimentos, para que ele entenda o seu modelo de mundo e suas expectativas.

Outras causas grandemente responsáveis por conflitos

Resistência à mudança

A resistência à mudança torna-se um gerador de conflitos, quando uma das partes quer mudar para uma direção diferente, incomodando a outra, de alguma forma. Podemos estar falando de mudanças físicas de local, status social, profissão, cargo, postura emocional etc. O incômodo que leva ao conflito pode ser gerado por vários motivos, desde o simples desconforto da mudança, até o ponto em que mudar significa rever todos os seus valores, princípios e percepções desenvolvidas ao longo de uma vida.

Confusão de papéis

A confusão de papéis acontece quando não está clara qual a responsabilidade estabelecida em ambas as partes. Os questionamentos giram em torno dos limites de cada uma, gerando a sobreposição de atividades e questionamentos, quanto aos territórios diferentes. Quando as pessoas entendem que suas atuações não estão sendo respeitadas dentro das suas expectativas, há uma sobrecarga ou desvalorização, que pode chegar a um conflito.

Necessidades pessoais não atendidas

Todos nós, consciente ou inconscientemente, buscamos ter nossas necessidades atendidas. Isso é inerente ao ser humano. Não ser atendido desperta a sensação de desvalorização ou de injustiça. Essa é uma causa mais do que suficiente para gerar conflitos e dificultar suas resoluções. Considerando que em cada fase da vida temos necessidades diferentes a serem atendidas, estamos sempre elegendo novas demandas. Assim, a cada momento, novas expectativas são geradas. Isso dificulta ainda mais o entendimento das pessoas, durante determinado conflito. Somos todos "usinas geradoras de necessidades", de modo que prestar atenção ao que o outro precisa proporcionará maiores chances de diminuirmos os conflitos.

Traumas

Todos os acontecimentos aos quais fomos expostos ao longo de nossas vidas geraram um repertório acumulativo de emoções, sentimentos e pensamentos que impactam decisivamente em nosso comportamento e, principalmente, na forma como interpretamos o mundo. De acordo com os fatos vividos por nós, sendo eles positivos ou negativos, é gerada uma variação significativa nesse repertório, que usaremos para nos relacionar com outras pessoas e, em especial, determinará como reagiremos em situações de conflitos. Caso as marcas deixadas pela vida sejam negativas, tenderemos a tê-las como um gatilho que irá disparar ações reativas do nosso "piloto automático", que podem gerar limitações, medos, paralisias e agressões.

Exigências incongruentes

Os conflitos tendem a ocorrer também quando há exigências incongruentes por parte dos envolvidos. A preferência de uma pessoa pode ser incompatível com a satisfação das outras. O conflito é o que temos como resultado, quando isso ocorre.

É preciso considerar as exigências de cada uma das partes envolvidas, seus modelos de mundo, suas necessidades específicas, o contexto, além de analisar se o que o outro deseja não é incongruente com os objetivos coletivos, na solução do conflito. Somente verificando a real congruência de cada demanda particular na resolução de um conflito é possível chegar a uma solução que atenda, de modo mais amplo, ao maior número de pessoas possível.

Ao compreender as múltiplas causas dos conflitos, fica reforçado que a variável comum entre todas elas é que sempre está presente algum tipo de diferença. Ao conseguirmos identificar essas divergências, tudo passa a ficar mais claro e a possibilidade de nos abrirmos para uma conexão pode surgir.

Parte III:
eixo da conexão

// A culpa não é minha!?

A partir deste ponto, começaremos uma jornada prática em busca de conectar todo conhecimento anteriormente compartilhado aqui no livro com suas habilidades e competências pessoais. Queremos oportunizar momentos de reflexão, *insights* e ressignificação suficientemente motivadoras para que você se envolva nos exercícios.

Experimente a percepção de conexão consigo, imaginando uma linha do tempo de sua vida. Será possível visualizar nitidamente este exato momento que você está vivendo e, ao mesmo tempo, enxergar seu passado com a nitidez relativa às experiências que viveu e, junto a isso, visualizar seu futuro com clareza. Talvez, você nos diga que não está conseguindo visualizar o futuro, e nossa resposta certamente será que isso pode estar acontecendo por você não ter definido suas metas.

O fato é que os três momentos estão conectados, e conectados a eles estão todos os nossos recursos cognitivos, emocionais, fisiológicos, espirituais, materiais, entre muitos outros. Mas, como temos utilizado tudo isso? De maneira pontual, partimentada ou conectada? Quando conectamos, fortalecemos. Experimente!

Ao conectarmos com nossa inteireza de estar presente em nosso repertório do passado e as nossas intenções de futuro é que conseguiremos nos ligar aos outros. O que nós e todas as outras pessoas na face da Terra mais queremos é nos vincular, pertencer, ter relacionamentos saudáveis e produtivos. Mas, isso só será possível se, antes, nos conectarmos integralmente conosco, aceitando e honrando quem somos. Isso contempla aceitar nossa dualidade, luz e sombra.

Aceitar e honrar nossa história, com todos os episódios que vivemos, nossos pais e familiares, assim como todas as pessoas que passam pela nossa vida. E como este é um desafio bem profundo, nossa proposta é começar esta trilha pela parte cognitiva de entender os conflitos e transformá-los em nossos aliados no cotidiano.

O caminho para a solução de conflitos

O senso comum da percepção de um conflito vem mudando, consideravelmente, ao longo dos tempos. A princípio, era algo devastador que, quando identificado, significava brigas e relações rompidas, em que cada parte iria tentar vencer um obstáculo ou defender alguma posição. E, nessa perspectiva, para uma parte vencer, a outra, obrigatoriamente, teria que perder.

Hoje, na nova percepção de conflito, para que alguma parte ganhe a outra, não é preciso perder. O que estamos propondo aqui é um caminho para se chegar a um consenso, ou o mais próximo possível disso. Todas as partes devem ser atendidas em suas especificidades.

Grande parte dessa percepção de perdas e ganhos, em lados extremamente opostos, vinha de uma determinação mental, às vezes até mesmo inconsciente de que o objetivo de resolver um conflito era sempre convencer a outra parte da nossa própria visão do problema.

Hoje, propomos que, no momento de identificação do conflito, o objetivo maior não seja sair, simplesmente, em defesa de algo, mas provocar a ação dos lados envolvidos, encontrando um ponto em comum, em que todos tenham a percepção concreta dos ganhos auferidos.

Uma das grandes mudanças de percepção que facilita esse novo posicionamento frente ao conflito é ligada ao foco no problema. Antes, o foco era automaticamente voltado para a busca de diferenças. Uma parte ficava apontando pontos das outras que marcavam um território bem claro de divergências e, logicamente, aumentava ainda mais o conflito.

Com as intenções quase sempre ocultas, como um dos nossos mecanismos de autodefesa, os ataques eram sempre presentes, com uma agressividade que contribuía para omitir intenções e manipular situações. Hoje, a busca é pelos pontos em comum, todas as partes podem se encontrar e desfrutar das similaridades. De maneira assertiva e com intenções declaradas, podemos, então, sair do território de agressões e ataques para ir ao encontro de um formato mais confortável de influências mútuas.

// A culpa não é minha!?

Outro ponto fundamental nesse processo, como já comentamos, é ter consciência de que todo conflito é um sistema sustentado pela tríade:

• **Pessoas:** é preciso saber quem são os atores envolvidos no conflito e quais são as suas atuações;

• **Problemas:** é preciso separar as pessoas do problema, entender suas causas, enxergar as diversas posições, ter todos os interesses identificados e baseados nas necessidades humanas;

• **Processos:** de comunicação, andamento e fechamento do conflito.

Sair daquele lugar comum, onde o conflito era visto de maneira extremamente desgastante, e chegar a este outro modo, também desafiador, mas de confluência de interesses, nos trouxe à compreensão de que a solução dos conflitos passa basicamente pelo entendimento e adequação de pontos como os que relacionaremos a seguir:

• Diminuir a sensação de vitimização e impotência diante de uma situação desafiadora;

• Aumentar o empoderamento das pessoas para lidar com situações difíceis;

• Ampliar a percepção diante de uma situação;

• Identificar as posições e os interesses das pessoas envolvidas num conflito;

• Conseguir reconhecer seus interesses e os das outras partes e analisar em que elas concordam e em que divergem;

• Sair do "piloto automático" que leva as pessoas a agirem por impulso e reagirem diante de um estímulo, em vez de, simplesmente, responderem a ele;

• Aprender a importância de dizer o óbvio;

• Oferecer empatia;

• Lembrar que a vida não tem "CTRL+Z" que desfaz o último comando realizado;

• Ser colaborativo;

• Saber diferenciar a realidade da idealização;

- Saber o que impede um novo olhar sobre o conflito;
- Desenvolver a habilidade de negociar;
- Reconhecer a necessidade de ter boa vontade para encontrar a solução;
- Reconhecer sua limitação para lidar com os conflitos e, simultaneamente, se empoderar das características que possam ajudar você a lidar melhor com essas situações;
- Saber que é possível evitar conflitos, utilizando uma ferramenta muito simples e pouco utilizada: o alinhamento de expectativas;
- Ampliar sua capacidade de utilizar a comunicação como ferramenta. Entender o impacto da comunicação nos conflitos e aceitar que a responsabilidade pela comunicação é de quem comunica;
- Fazer escolhas baseadas em decisões e não em condições, é imprescindível para definir a melhor maneira de agir diante da dificuldade;
- Entender que o conflito é um processo dinâmico, evolutivo, de intensidade variável, transformação constante e que tem uma estrutura geradora e outra de solução;
- Saber que só conseguimos resolver um conflito quando entendemos que temos parte da responsabilidade pela manutenção ou potencialização;
- Também temos nossa parte de responsabilidade na solução do conflito. Então é preciso nos mexermos e fazer a parte que nos cabe.

É preciso, acima de tudo, ter interesse legítimo da solução do conflito e estar disposto a fazer a parte adequada para conquistar esse resultado. Também é necessário entender, com profundidade, que um conflito tem uma determinada estrutura ao ser formado e outra totalmente diferente para ser solucionada. Ou seja, vale aquela ideia, atribuída a Albert Einstein, que diz: "Um problema nunca será resolvido no mesmo nível de energia ou conhecimento em que ele foi criado". Portanto, tenha a mente aberta, observadora e disposta a aprender e quebrar padrões, se necessário.

// A culpa não é minha!?

Resolvendo conflitos na prática

Em toda e qualquer situação que necessitamos resolver na vida, para chegar a uma solução desejável, precisamos cumprir alguns requisitos básicos que nos garantam a direção certa. Assim é com os conflitos que queremos resolver. Precisamos seguir um passo a passo que nos mantenha na direção correta.

Dentro dessa estratégia, identificamos e testamos o caminho necessário para a resolução eficaz e plena dos mais diversos tipos de conflitos possíveis de surgirem no seu dia a dia. Acompanhe:

Passo 1: perceber como você lida com o conflito;

Passo 2: identificar e assumir as suas responsabilidades pelo conflito e por sua solução;

Passo 3: desenvolver as habilidades necessárias para lidar com o conflito;

Passo 4: agir na direção da solução do conflito;

Passo 5: identificar, mensurar e resolver o conflito.

Vamos ver cada um desses passos com detalhes.

Passo 1: perceber como você lida com o conflito

Duas ou mais pessoas com opiniões contrárias e agindo no piloto automático – isto é, simplesmente "reagindo" aos estímulos recebidos – em geral, são faíscas para acender um potencial conflito desgastante.

Considerando que, muitas vezes, agimos guiados pelo "piloto automático", a primeira coisa que precisamos fazer é reconhecer que tipo de relações temos estabelecido nos momentos de conflitos. A partir daí, podemos escolher uma nova maneira, mais saudável e produtiva, de utilizá-los os a nosso favor e a favor das pessoas e projetos com quem estamos envolvidos. Só assim nos arrependeremos cada vez menos de decisões tomadas por impulso, em que reagimos às provocações ou estímulos, usando comportamentos condicionados. Passaremos, realmente, a responder mais assertivamente em situações como essa.

61

Então, o que fazer primeiro?

Antes de tudo, queremos relembrar a importância de treinarmos nosso cérebro para reconhecer e admitir que temos um conflito a ser cuidado, lembrando que ele traz consigo várias oportunidades conforme já falamos no início do livro. Nos colocar nesta posição facilita a percepção do tipo de situação que estamos vivendo, além de identificar os principais interesses envolvidos.

Então, a primeira coisa a fazer a seguir é prestar atenção, observar e registrar as reações que temos em situações aparentemente desafiadoras ou desagradáveis. Nossa sugestão é que você faça uma lista para registrar situações que serviram de gatilhos para uma reação automática que você teve, as sensações e os sentimentos que observou, e as datas dessas ocorrências, para perceber o quão frequente essas situações se repetem em sua rotina.

Análise da minha relação com o conflito

Data	Conflito	Sensação ou sentimento experimentado	Reação automática	Resposta elaborada

// A culpa não é minha!?

O grande ganho com esse procedimento é que, pelo mapeamento, você pode analisar onde suas reações são inadequadas e, a partir daí, elaborar respostas mais adequadas para situações futuras. Com essa compreensão, será possível exercitar a ação consciente, abandonando cada vez mais o piloto automático.

O desafio é, em primeiro lugar, admitir que estamos vivendo um conflito. Em nossa cultura, isso parece algo negativo e, por isso mesmo, difícil de reconhecer. Porém, para agilizar o processo de solução de uma situação difícil, é importante, primeiro, admitir o que estamos vivenciando e perceber que essa pode ser uma oportunidade real de fazermos algo bom acontecer.

Nosso corpo costuma nos dar sinais de alerta quando estamos vivendo um conflito. Ele tem indicadores incríveis que apontam imediatamente – por meio de sensações físicas e emocionais – os momentos em que nos sentimos desafiados, incomodados, acolhidos ou amados. Por isso, é importante estar atento à forma como ele reage às situações, aparentemente, corriqueiras.

Ao desenvolver a habilidade de observação individual e passar a reconhecer como funciona seu sistema de lidar com as dificuldades, ficará mais fácil perceber quando você ou seu interlocutor estiverem reagindo no modo "automatizado", além de medir o quanto isso pode potencializar a situação de conflito.

Identificado um conflito em andamento, esse pode ser um bom momento para fazer um convite para que o outro observe a si e também perceba que pode estar intensificando algum confronto que poderia ser mais leve. Uma forma de fazer esse convite é expressando, de maneira harmoniosa, a seguinte pergunta: o que você espera que aconteça quando diz...? (repita exatamente a frase dita pelo outro e que aponta um condicionamento automatizado).

Então, paralelamente ao preenchimento da tabela de análise da sua relação com o conflito, sugerimos que você faça o mesmo para reconhecer seus comportamentos automatizados que geram resultados positivos.

Análise da minha relação com as conquistas

Data	Situação de conquista	Sensação ou sentimento	Reação automática	Resposta refinada

A ideia aqui é que você faça uma lista para registrar as situações que servirão de reforço positivo para serem usadas futuramente. Registre as sensações e os sentimentos observados em si e a data da ocorrência, para perceber o quão recorrentes são esses ganhos.

Depois de reconhecer as sensações associadas a cada uma dessa situações listadas, você pode refinar suas respostas, tornando-as ainda mais potentes para serem utilizadas como estímulos nas próximas oportunidades. Assim, com a conscientização, será possível habilitar a autopermissão para automatizar situações vencedoras e reforçar sua autoconfiança.

Afinal, à medida que temos resultados positivos reconhecidos por nós mesmos e por terceiros, passamos a atrair e também gerar, conscientemente, mais resultados positivos.

Pense em uma pessoa que trabalha de maneira estruturada e consegue receber recorrentes *feedbacks* positivos de seu líder, sempre que é chamada a uma determinada sala de reunião. Provavelmente, essa pessoa registrará essa emoção de autoconfiança de tal maneira que, quando for chamada para uma nova reunião, remeterá a si para aquela situação de boas emoções.

// A culpa não é minha!?

Isso acontecerá, mesmo que a reunião seja sobre um tema mais delicado ou tenso. O indivíduo acessará automaticamente um caminho cerebral com foco positivo, e a probabilidade de colaborar para uma solução positiva do problema será consideravelmente grande.

Portanto, em termos práticos, a primeira ação que devemos adotar em relação ao nosso piloto automático é reconhecê-lo. Só a partir desse ponto é que conseguiremos mitigar seu efeito negativo e potencializar seu efeito positivo.

Quando percebemos que estamos prestes a agir por impulso, podemos, então, parar, refletir e considerar outras opções para lidar com a mesma situação. E, se após agir automaticamente percebermos que erramos, podemos solicitar ao nosso interlocutor uma nova conversa para realinhar o posicionamento anterior, com consciência das ações a tomar.

É importante observar que essa análise que acabamos de explicar também pode ser aplicada por você e cada membro de sua equipe, por meio de uma observação cuidadosa do comportamento das pessoas. Assim, será possível traçar estratégias melhores para lidar com conflitos dentro de sua equipe. Nota: neste caso, essa análise deve ser feita de maneira discreta, desapaixonada e sem preconceitos, para que construa uma visão real de sua equipe, sempre considerando que isso se dará, apenas, a partir do seu próprio ponto de vista. Portanto, nunca será uma verdade absoluta.

Precisamos transformar a nossa percepção a respeito dos conflitos em uma grande oportunidade de crescimento.

Porém, ainda em relação à nossa forma de relacionamento com os conflitos, precisamos ficar atentos aos pontos que podem nos impedir de ter um novo olhar para as situações enfrentadas, de modo a estabelecer certo controle sobre eles.

A seguir, disponibilizamos uma lista de questões que podem nos impedir ou dificultar a nossa atuação assertiva sobre os conflitos. Vamos, também, propor algumas ações que o ajudarão a aproveitar estas questões, aparentemente, restritivas, tornando-as em um degrau em direção àquilo que realmente pretendemos ou desejamos.

Como superar obstáculos e resolver conflitos

Comodismo

No dicionário informal, significa acomodar-se com algo ou situação. Aceitar as coisas facilmente, não se opor ou revoltar-se contra algo.

O comodismo é, muitas vezes, visto como o lugar seguro, confortável, por isso é tão atraente. É mais fácil lidar com as dificuldades de um contexto conhecido do que lidar com o medo e a incerteza do desconhecido. E o ditado popular nos aconselha: "Em time que está ganhando não se mexe!".

São vários os fatores que podem nos levar ao comodismo, fáceis de nos envolver e difíceis de nos livrarmos. Pode ser uma escolha pelo menor esforço, por pura preguiça mesmo. Talvez esteja escondido em uma crença limitante ou preso no medo da mudança.

Mas, a mais perigosa zona de conforto é aquela que não está tão ruim para movimentá-lo, mas também não é tão boa para satisfazê-lo.

O comodismo em alto grau nos leva à conformidade daquilo que não nos faz bem, só para não termos de lutar contra essa força, ou até mesmo por falta de conhecimento de outras possibilidades.

Como o comodismo influencia na forma de lidar com o conflito?

O comodismo traz condicionamento nos comportamentos e na rotina de todos os dias. Mas, o mundo muda o tempo todo. Se as pessoas não acompanham as mudanças, geram conflitos.

Imagine que, em diversas situações de interação, duas ou mais pessoas envolvidas num projeto profissional ou pessoal, lidam umas com as outras a partir de uma zona de comodismo particular. Vamos estar prestes a ter uma situação de conflito, afinal, cada uma dessas pessoas irá fazer o possível para poupar-se e não sair do seu lugar confortável. Sendo assim, as diferenças se estabelecerão e o conflito emergirá.

Então, que tal fazer uma análise a respeito de como anda o seu nível de comodismo na vida? É simples. Comece a pensar nas suas reclamações atuais e, depois, coloque em um

// A culpa não é minha!?

mapa as oportunidades que já surgiram para você resolver essas questões, mas que você abriu mão de fazer, por comodismo – é claro que um comodismo disfarçado como uma justificativa, para isso não ser a melhor opção.

Análise do meu nível de comodismo

Quais os três objetivos que mais desejo conquistar atualmente e que venho criando desculpas para não realizar, por puro comodismo?		
Objetivo que quero realizar	Desculpa que dou para justificar o meu comodismo	Ação que posso tomar para realizar o meu objetivo
1.		
2.		
3.		

A ideia importante aqui é que nós precisamos sempre ter novos desafios, novas questões para reclamar–que sejam demandas das novas escolhas que resolvemos fazer. Ou seja, a vida vai seguindo e novos desafios também surgem, que devem ser encarados como recursos naturais dos nossos processos de construção de repertório de experiências.

O comodismo, como fator limitante, é tão impactante que, por mais desconfortável que seja a questão que a pessoa esteja vivendo, ainda é mais confortável reclamar sempre da mesma coisa – pois ela está acostumada a lidar com isso – do que promover a transformação necessária para conseguir o desejado. O fato de a pessoa não saber o que vai acontecer, quando promover uma mudança para resolver a situação em questão, também contribui, significativamente, para a manutenção do comodismo.

Para o nosso cérebro, na maioria das vezes, é muito mais confortável lidar com uma situação que conhecemos, mesmo que seja desconfortável, do que nos lançar a novas "aventuras vivenciais", proporcionadas por alguma mudança, visto que isso nos tira a sensação de controle.

O comodismo anda de mãos dadas com o piloto automático. Para sair desse círculo vicioso, só há um jeito: agir. Agir e criar novas ações, que nos levem em direção a conquistar os objetivos que temos.

Você prefere planejar e iniciar as mudanças, ou ter que mudar quando tiver um *rottweiler* correndo atrás de você?

Vitimização

Conceitualmente, o termo vitimização vale, especialmente, para quem coloca-se como vítima das situações, ou seja, culpa tudo e a todos pelos fracassos ou pelos ocorridos em sua vida, atribuindo essa responsabilidade a terceiros. Pessoas assim, frequentemente, usam frases como:

- As coisas nunca dão certo para mim;
- Sou um azarado;
- A vida é injusta comigo;
- As pessoas são más comigo;
- Ninguém me entende;
- A culpa não é minha;
- Eu não queria ser assim;
- Cheguei atrasado por causa do trânsito;
- Estou acima do peso, porque tenho pouco tempo de almoço no trabalho;
- Eu nasci assim.

// **A culpa não é minha!?**

Quem se coloca como vítima assume uma postura de "coitadinho", pois, possivelmente, não sente capacitação em enfrentar os desafios da vida, encontrando culpados para justificar seus fracassos. Perde a oportunidade de aprender com seus erros e enxergar pontos de melhoria.

Na infância, é possível encontrar uma causa comum, proveniente de momentos em que, para obter a atenção dos pais, adoecíamos, chorávamos ou nos machucávamos. Isso gera um condicionamento mental, na grande maioria das vezes, inconsciente, que nos faz pensar que é somente por meio do sentimento de dó, ou de dor demonstrada, que conseguiremos a atenção das pessoas, ou que seremos amados.

Na vida adulta, a tendência é que a vitimização deixe de ser uma ferramenta utilizada só com os pais. O indivíduo passa a se fazer de vítima para seus chefes, amigos, parceiros, filhos etc.

Como a vitimização influencia na forma de lidar com o conflito

A vitimização, em geral, torna a pessoa tóxica para o ambiente. O indivíduo acaba utilizando esse recurso para desviar o olhar do seu real objetivo e das suas reais possibilidades, simplesmente para manter seu foco na manutenção da certeza de que "nada dá certo em sua vida". Com essa mente negativa, a pessoa torna-se uma verdadeira bomba atômica em processos de conflitos.

As pessoas que se consideram vítimas, adotam um processo sistêmico e inconsciente de competir pela desgraça ou pelo pior, e, a partir daí, controlar a situação. Se você disser que está gripado, ela irá falar que está com pneumonia. Enfim, irá gerar uma série de postulados que acredita ser verdade absoluta, não deixando espaço a ela mesma, nem aos outros, de vivenciar o contrário.

Além da mania de perseguição e da crença de que tudo de ruim acontece com elas, na mente dessas pessoas, os fracassos são supervalorizados, em vez de serem utilizados como parte de um processo de aprendizado e crescimento. Isso as impede de utilizar toda a sua potência. E com todo esse peso, movimentam as pessoas e o sistema, controlando a situação pela dor e não pelo amor.

A pessoa que se considera vítima do destino encontra-se presa em um sentimento de que tudo de ruim só acontece com ela. Não se sente capaz, merecedora ou digna. Mesmo não falando ou assumindo isso, ela não está pronta para avançar na vida e, por isso mesmo, acaba usando subterfúgios para conseguir a atenção de "salvadores externos" que viriam para resgatá-la das situações ruins ou das dificuldades em que ela mesma se coloca.

Uma característica importante entre as pessoas que se fazem de vítimas é que elas, muitas vezes, idealizam demais, criam em suas cabeças uma realidade ou um contexto ideal, e, muitas vezes, irreal. Isso mostra que, possivelmente, estejam interagindo com um só mundo, por meio de uma visão distorcida da realidade.

Para sair desse estado de considerar-se uma vítima de tudo, é importante passar por um processo de responsabilização. A pessoa precisa entender o que ela vai ganhar, abrindo mão do papel de vítima, de modo a encorajar-se a abandonar essa posição de vida. E, quando não for possível evitar o papel de vítima, pelo menos trabalhar para ficar o menor tempo possível assim.

Ao lidar com conflitos, assumir o protagonismo da própria vida, compreender que não somos perfeitos e que nem tudo é controlável, podemos facilitar o empoderamento e a revalorização das pessoas.

Liste três situações que o fazem estar no papel de vítima		
Situação de vitimização	O que você está ganhando comportando-se como vítima nesta situação?	Como você pode ter os mesmos ganhos, assumindo outros comportamentos mais produtivos?
1.		
2.		
3.		

// A culpa não é minha!?

Análise do meu papel de vítima

Crença limitante

Desde que nascemos, cotidianamente, observamos o mundo e as pessoas, temos contato com família e amigos, e vamos formando nossa visão de mundo, percebendo situações, influências positivas e negativas.

Muitas questões influenciam a nossa vida, sem nos darmos conta. E aí nascem as crenças limitantes, que são premissas que, em algum momento você tomou como verdadeiras, mas que, se examinar com atenção, não fazem sentido.

Sobre as crenças, André Lima, especialista na aplicação de EFT (*Emotional Freedom Techniques*), afirma que:

> Crenças limitantes são pensamentos, interpretações que você toma para si como verdadeiras, mas que no fundo são falsas ou pelo menos não são verdades absolutas, e que impedem a sua vida de se tornar melhor. É algo tão sério que pode impedi-lo de ser feliz, ter alegria e levar alguém a criar uma vida de doença e sofrimento. As crenças limitantes operam como um programa no seu inconsciente. Elas moldam a sua forma de ver e interpretar o mundo e interferem de forma decisiva nas suas escolhas. Você pensa que está escolhendo, mas, no fundo, suas crenças estão fazendo escolhas e moldando a vida. A sua realidade, seja ela boa ou ruim, é um reflexo direto das suas crenças.

Normalmente, as crenças se instalam a partir das emoções de experiências negativas do passado e enche o nosso inconsciente de verdades limitantes.

Uma forma de reduzir, drasticamente, o número de crenças limitantes que você possui é pela cura das emoções negativas de experiências vividas no passado. Essa limpeza emocional remove, também, as ideias negativas que foram criadas e ficaram associadas à experiência. E, para limpar essas emoções, é importante ressignificar as experiências anteriores, renovando seu repertório.

Como já citamos, o André Lima, da EFT - *Emotional Freedom Techniques* (técnicas para autolimpeza emocional), apresenta uma ferramenta bastante útil, entre tantas outras encontradas em processos terapêuticos.

Sem dúvida, encontrar ferramentas que possam ajudá-lo a ter clareza sobre seus limites é um passo importante. Ela resolve metade do problema.

Como a crença limitante influencia na forma de lidar com o conflito

Nosso sistema de crenças serve como base para nossos valores de vida e para a formação de nossa opinião e posição, quanto aos mais diversos assuntos. Por nos entregarmos por completo as nossas crenças, acabamos ficando mais resistentes a ampliar nossa percepção da realidade durante um conflito.

Crenças são "verdades absolutas" criadas dentro da nossa mente, que guiam nossa vida nos estimulando a fazer escolhas baseadas nelas. O grande problema é que cada pessoa tem suas próprias convicções, que nem sempre são compatíveis com as dos outros. Isso alimenta verdadeiros conflitos, em especial, sobre assuntos polêmicos ou, principalmente, que envolvam certa dose de ego.

Na maioria das vezes, as crenças nos impedem de ter uma visão mais ampla da vida, o que pode restringir muito a nossa flexibilidade para uma negociação. Normalmente, são instaladas por conta da repetição de uma afirmação veemente em nossa rotina. Temos crenças em diversas esferas da vida, sendo que grande parte delas tem origem em nossa educação familiar – hereditárias, que a gente adquire ouvindo durante a infância.

No nosso convívio social, elas geram impactos negativos relevantes. Além de formarmos, também, crenças pessoais, por conta de experiências que vivemos em nosso dia a dia e que, muitas vezes, estabelecemos como regras.

// A culpa não é minha!?

Exemplos de frases que refletem a formação de crenças.
Hereditárias
- Você deixa tudo pela metade;
- Você nunca faz nada direito;
- Você é burro;
- Sem trabalho duro não se consegue nada;
- Os outros precisam mudar para minha vida melhorar;
- Estou destinado a essa vida e a ser desse jeito, porque essa é a situação da minha família e, por isso, é a minha;
- Minha gordura é hereditária;
- Vou morrer cedo, porque é assim com todos os homens da nossa família.

Exemplos de frases que levam à formação de crenças sociais:
- O mundo é perigoso;
- Apenas os magros são bonitos;
- Só é possível ganhar dinheiro fazendo coisas erradas;
- É melhor dar do que receber;
- O mundo está em crise, por isso tudo está muito difícil para mim;
- Todo político é ladrão.

Pessoais
- Eu não sou bom o suficiente;
- Eu não mereço;
- Nunca vou conseguir dinheiro suficiente" ou "não tenho dinheiro para nada";
- Não sou digno de amor;
- Não tenho tempo para nada;
- Não sei tudo o que preciso;
- Não consigo aprender isso;
- Nunca vou conseguir alcançar meus objetivos ou realizar meus sonhos;
- Tudo precisa ser perfeito;
- Não consigo me organizar;
- Eu não mereço sucesso ou coisas boas;

- Não sei como resolver esse problema;
- Eu não posso / não consigo / não sei fazer isso;
- Sou muito velho para isso;
- Não tenho jeito para isso;
- Não é possível viver do que se ama.

O ideal para lidar com nosso sistema de crenças é aprender a ressignificar nossas "verdades absolutas", tornando-as convenientes ao nosso dia a dia. Na prática, é preciso identificar algo que queremos conquistar e, então, criar uma nova versão positiva para as crenças limitantes. É preciso substituí-las pelas crenças empoderadoras que darão força na busca pelo seu objetivo.

Essa nova versão deve ter evidências constatáveis de que isso pode ser assim, preferencialmente, a partir de fatos que você possa afirmar ou comprovar e se tornar um hábito.

Veja um exemplo:

Crença limitante: "Eu não sou bom o suficiente para atingir esse objetivo".

Antídoto: "Estou treinando as habilidades que preciso para alcançar meu objetivo".

Volte ao exercício anterior e traga para esta tabela aquelas três situações que têm colocado você no papel de vítima. Depois, observe quais crenças, provavelmente, estão sustentando essas situações		
Situação	Crenças limitantes Quais crenças estão por trás desta situação?	Crenças empoderadoras Qual é o antídoto que vou usar contra essas crenças?
1.		
2.		
3.		

// A culpa não é minha!?

Agora é hora de praticar a ressignificação de suas crenças. Faça o exercício a seguir:

Análise das minhas crenças

A partir da ressignificação de suas crenças, é possível escolher posturas que o levem a lidar melhor com os conflitos, contribuir para resolvê-los e crescer com eles.

Medo

O medo é um sentimento inerente ao ser humano, uma das cinco emoções básicas que nos movimenta a sobreviver.

É um estado emocional que surge em resposta à consciência, perante uma situação de eventual perigo. A ideia de que algo, alguém ou alguma coisa possa ameaçar nossa estabilidade ou segurança, faz com que o cérebro ative, involuntariamente, uma série de compostos químicos que provocam reações características do medo. O aumento do batimento cardíaco, a aceleração da respiração e a contração muscular são algumas das características físicas desencadeadas pelo medo.

Há muitas causas para o medo, afinal ele está relacionado ao nosso instinto de sobrevivência. Porém, vale ressaltar algumas das causas que identificamos como mais comuns e que, pelo fato de não tomarmos consciência, acabam impactando nossa rotina:

- Traumas adquiridos em situações passadas;
- Insegurança e falta de confiança;
- Crenças, superstições e informações erradas ou inexatas;
- Pensamentos ansiosos ou fantasiosos.

Se tudo isso for registrado na infância, mais profundos serão e mais difíceis de lidar.

Como o medo influencia na forma de lidar com o conflito

O grande problema aqui, dentro do nosso tema, é que o medo pode potencializar os conflitos, a partir de dois caminhos diferentes:

1. Tomados pela reação de defender nossa estabilidade, reagimos criando resistência. Consequentemente, atacamos

a outra parte, para nos defender e estabelecer limites. Porém, na maioria das vezes, fazemos isso de maneira reativa e agressiva, potencializando intensamente os conflitos.

2. Tomados pela vontade de evitar um desgaste ou um confronto, ficamos paralisados ou reagimos, omitindo informações e manipulando situações. Fingimos que nada de desafiador está acontecendo, com a esperança de não precisar enfrentar o desafio que se apresenta. Mas, o enfrentamento é inevitável, pois chega uma hora em que aquilo que não foi resolvido vem à tona e, na maioria das vezes, potencializado pelas consequências da omissão.

Uma vez que não podemos fazer coisa alguma para desaparecer com o medo – isso não seria conveniente, porque, afinal, o medo está impresso no circuito neural de todos os seres humanos e é o nosso "sistema de defesa" mais primitivo – o segredo é usá-lo, em vez de deixar que ele nos use.

São muitos os tipos de medos e eles estão quase sempre relacionados as nossas crenças limitantes. A título de curiosidade, segue abaixo uma lista dos principais potencializadores de conflitos:

- Medo de fracassar;
- Medo de sofrer;
- Medo de errar ao assumir escolhas;
- Medo de questionar;
- Medo de ser como alguém que você não gostaria;
- Medo de não agradar;
- Medo de não ser aceito;
- Medo de não ser bom o suficiente;
- Medo de ficar sozinho diante de uma decisão;
- Medo do julgamento.

A solução, então, é usar o medo para impulsionar nossas ações na direção que nos interessa caminhar. Usar o medo a nosso favor.

Para fazer isso, antes, é preciso identificar nossos medos que mais nos impactam, e nos comprometermos a criar ações que reforcem nossa decisão de agir, apesar de estarmos sob controle.

// **A culpa não é minha!?**

Análise dos meus medos

Escreva aqui qual é o medo que mais vem impactando a sua vida:
Liste três ações que você pode realizar para reforçar sua coragem e aumentar sua capacidade de lidar com aquilo que o assusta
1.
2.
3.

Orgulho

A palavra orgulho tem origem no catalão *orgull*, cujo significado é qualidade daquele que tem um conceito exagerado de si próprio.

Orgulho é uma palavra que pode ter conotações variadas e seu sentido está atrelado ao contexto e ao sentimento no qual estará inserido. No sentido positivo, refere-se à autoestima e autoconfiança. Já no negativo, à soberba e à falta de humildade.

Quando o orgulho refere-se à dignidade de uma pessoa e desperta um sentimento positivo em relação a outro indivíduo, pode ser considerado bom. Mas, é um termo pejorativo quando se refere a um sentimento excessivo de contentamento que uma pessoa tem a respeito de si mesma, de acordo com as suas características, qualidades e ações.

A causa do orgulho pode estar na crença depositada na superioridade individual, na sobrevalorização do eu em detrimento aos outros.

Como o orgulho influencia na forma de lidar com o conflito

O orgulho está muito relacionado ao medo e, muitas vezes, até aparece disfarçado de vergonha. Por exemplo, pelo medo de dizer que não sabe algo, ou de assumir um erro, ou de falhar, a gente opta por assumir um sentimento de superioridade, como o orgulho. Por não sabermos lidar com nossa vulnerabilidade, não admitimos um deslize nosso.

O orgulho fortalece a ilusão de estarmos sempre certos e, em contrapartida, acreditarmos que o outro está sempre errado – algo típico de uma mente muito competitiva e pouco colaborativa. Decorre disso que cada pessoa passa a defender sua posição com unhas e dentes, tentando manter a sua razão. Logo, surgem os conflitos e pouca chance há de que sejam resolvidos, se não mudarmos essa postura.

O orgulho vai corroendo as pessoas e as relações, pois vai transformando a razão de cada um em uma posição específica e imutável, normalmente contrária à da outra parte. Isso joga mais combustível na chama dos conflitos apoiados nas diferenças.

O grande problema do orgulho é a dualidade mutuamente exclusiva: para um acertar, o outro tem, obrigatoriamente, que dar "o braço a torcer". Isso nos impede de ter relações mais colaborativas e mantém os relacionamentos dentro de percepções muito limitadas, que trazem separações, desacordos e potencializa ainda mais o conflito e distância na busca por harmonia. Como disse o grande Ferreira Gullar: "Não quero ter razão. Quero é ser feliz".

A pessoa negativamente orgulhosa tende a ser intolerante, prepotente, com distanciamento emocional. E a falta de flexibilidade gera conflitos.

Para minimizar o impacto do orgulho, precisamos, mais uma vez, buscar a conscientização e o entendimento a respeito do que ele pretende sustentar. A partir dessa consciência, podemos propor para a outra parte do conflito uma abertura a respeito de buscar, juntos, uma terceira alternativa que atenda às necessidades das duas partes.

// **A culpa não é minha!?**

Vamos ver isso com mais detalhes adiante. Neste momento, o importante é que você faça este exercício de conscientização:

Análise da minha manifestação de orgulho

Escreva aqui qual foi a última situação em que você notou estar discutindo para tentar ter razão:
Liste três ações que você poderia propor para seu interlocutor como uma possibilidade que contemplasse atender às necessidades das duas partes.
1.
2.
3.

Vergonha

De acordo com Brené Brown, pesquisadora focada no tema, a definição de vergonha é: um sentimento intensamente doloroso, decorrente de acreditarmos que somos defeituosos e, portanto, indignos de amor e pertencimento.

O sentimento de vergonha vem de algum tipo de autocondenação, autojulgamento, autoavaliação, e também pode provir da sensação de exposição pública embaraçosa.

Muitas vezes relacionada à culpa, por ações ou pensamentos reprovados pelos outros. Em outras, ao medo de sermos indignos de atenção.

A vergonha oriunda da exposição decorre do fato de estar exposto ao olhar do outro e os possíveis julgamentos que acompanham esse olhar.

Outro tipo de causa, que pode acontecer por contágio, é uma pessoa sentir vergonha pela outra, o que apelidamos de "vergonha alheia". Neste caso, a vergonha é oriunda da identificação com a situação do outro e o fato de não querer estar no lugar dele – além de identificar que ele não percebe os constrangimentos da situação na qual está envolvido.

Como a vergonha influencia na forma de lidar com o conflito

Para começar esta conversa, saiba que a vergonha adora segredo. Afinal, se ela for compartilhada, perde a força de gerar a inibição. Por conta disso, muitas vezes, ela é até utilizada como uma ferramenta negativa de relacionamento. Por exemplo, em uma situação de conflito, existem pessoas que expõem o outro a uma situação desconfortável, com o intuito de mantê-lo anestesiado e sob controle.

É importante afirmar que todos nós temos vergonha, em diferentes graus, pois ela é um sentimento universal e uma das emoções humanas mais primitivas. As únicas pessoas que não sentem timidez são as incapazes de empatia ou conexão humana. Portanto, nossa solução, neste caso, gira em torno de administrá-la adequadamente, de modo que ela não interfira negativamente na solução dos conflitos.

A vergonha nos convence de que se valorizarmos ou, simplesmente, admitirmos a nossa história verdadeira, as pessoas não irão gostar de nós. Isso nos conecta com o medo do desprezo alheio sobre de onde viemos e em que acreditamos. Não importa o quanto estamos lutando ou como somos maravilhosos, muitas vezes fica difícil assumir nossas forças e qualidades, fraquezas e defeitos.

Conflitos são potencializados pelo fato de omitirmos informações, sejam elas quais forem. Portanto, a vergonha que nos faz esconder fatos, muitas vezes relevantes a nosso respeito, impacta diretamente no andamento do processo de solução de qualquer conflito que estiver em desenvolvimento.

// **A culpa não é minha!?**

Análise das minhas vergonhas

Analise três situações que despertam vergonha em você		
Do que você se envergonha a seu respeito atualmente?	O que esta vergonha está tentando esconder?	O que eu posso fazer para resolver isso?
1.		
2.		
3.		

Culpa

A culpa refere-se à responsabilidade atribuída a alguém por algo que provocou prejuízo material, moral ou espiritual a si ou a outrem.

Segundo nossa experiência, o sentimento de culpa caracteriza-se por uma reprovação consciente ou inconsciente que fazemos de nós mesmos, por conta de um ato, comportamento ou pensamento.

A culpa, assim como o medo, tem sua causa gerada no passado longínquo ou imediato. As regras religiosas, as leis sem precedentes e as convenções sociais, enfim, em todos os ambientes e grupos pelos quais passamos, que agem como nossas prisões ao sentimento de não sermos bons o suficiente para respeitar tudo que nos é imposto.

Muitas vezes, a culpa origina-se de críticas acentuadas que recebemos de outra pessoa, apontando falhas que cometemos, segundo julgamento delas.

Como a culpa influencia na forma de lidar com o conflito

Enquanto a vergonha diz respeito a quem somos, a culpa está relacionada ao que fazemos ou sentimos. Normalmente nos deparamos com ela em situações em que não sabemos como reagir e, por impulso, atacamos o outro para nos defender. Posteriormente, nos sentimos culpados por ter tido um comportamento desnecessário.

Às vezes, diante de determinada situação, assumimos a responsabilidade por algo, para finalizar com o desconforto de estar passando por uma situação que não sabemos como lidar. Consequentemente, na sequência, nos sentimos lesados pela escolha de ter assumido algo que não era de total responsabilidade nossa. E vem a culpa por ter agido de maneira tão insensata.

Dessa maneira, abrimos mão do nosso poder de definir limites e alinhar necessidades da vida e relacionamento.

A culpa é um potencializador de conflitos, tanto quando apontamos a culpa aos outros – para terceirizar a responsabilidade do que está acontecendo, e isso gera um conflito por injustiça e ilegitimidade para esta relação – quanto ao assumirmos a culpa para evitar um desgaste – e, neste segundo cenário, acabamos nos sentindo, posteriormente, prejudicados. Essa insatisfação encoberta é responsável por transferirmos para o outro uma dívida que nem ele sabe que está em sua conta.

Esse sistema de relacionar-se com a culpa é comum nos relacionamentos, por falta de clareza e foco na solução. Normalmente, os evolvidos em situações desafiadoras tendem a ficar buscando culpados, em vez de buscar soluções.

// A culpa não é minha!?

Análise das minhas culpas

Descreva a última situação desafiadora em que você notou que estava culpando alguém ou assumindo uma culpa que não era de sua responsabilidade:

Liste três sugestões que você poderia ter sugerido aos envolvidos, caso estivesse focado em buscar soluções verdadeiras para o conflito em questão.

1.

2.

3.

Procrastinação

Procrastinar é adiar algo, demorar mais tempo do que o necessário para fazer ou prolongar uma situação para ser resolvida depois.

O psicólogo Luiz Fernando Garcia, autor do livro *Cérebro de alta performance*, afirma que o ser humano procrastina para se manter vivo e, assim, prorrogar a vida. Isso está no nosso sistema primitivo de sobrevivência, pois se há uma situação que pode ser adiada, o mais importante é priorizar a possibilidade de descansar, de comer, se higienizar. Então, procrastinar é próprio da espécie humana.

Porém, isso era relevante nos tempos mais primitivos, quando não haviam recursos disponíveis para garantir nossa sobrevivência. Isso já não é a realidade que vivemos atualmente. Ainda podemos nos valer dessa máxima, imaginando que descansar pode nos tornar mais produtivos para as horas que demandam ação. Mas, não podemos ignorar que atualmente vivemos uma constante exigência de sermos cada vez

Como a procrastinação influencia na forma de lidar com o conflito

Precisamos pensar em outras coisas que nos fazem procrastinar, além da nossa memória primitiva, e perceber de que maneira podemos agir sobre elas. Apresentaremos uma lista de possíveis situações que funcionam como estímulo para procrastinarmos e como o fato de aderir a esse estímulo acaba influenciando a forma de lidar com o conflito:

• Metas ou objetivos que não fazem sentido para nós mesmos. Se não tem sentido, por que eu vou me dedicar? É melhor deixar para depois. Afinal, quando eu tiver a pressão do prazo, vou lá e faço.

• Não se sentir preparado para fazer o que precisa ser feito. Por não ter habilidade, vamos ter que gastar mais energia e sofrer um pouco mais para realizar a tarefa. Então, acabamos deixando para depois.

• Não vemos recompensa pelo que estamos fazendo. Por falta de motivação, então, deixamos para depois.

• O cansaço pela falta de uma boa alimentação, ou uma boa noite de sono, ou seja, aspectos realmente físicos, que nos deixam sem energia para realizar a tarefa. Então, acabamos deixando para um momento de mais energia.

• A relação com o prazer e com a zona de conforto. Afinal, melhor fazer, primeiro, as coisas que são prazerosas do que as coisas que são sofridas, mesmo que sejam importantes.

• O perfeccionismo. Enquanto não conseguir fazer da forma ideal, deixamos de fazer o melhor possível com os recursos disponíveis e perdemos as oportunidades de dar um passo em direção aos objetivos.

O fato de não considerar que nosso adiamento pode impactar a vida dos outros acaba gerando diversos conflitos por diferenças de interesses.

// **A culpa não é minha!?**

A melhor maneira de minimizar o efeito nocivo da procrastinação é fazer um alinhamento de expectativas com as pessoas que, possivelmente, serão afetadas pela escolha de adiar algo.

Análise das minhas procrastinações

Analise três situações em que você percebe que procrastina		
O que tenho procrastinado?	Por que procrastino isso?	Quais conflitos minha procrastinação gera?
1.		
2.		
3.		

Em cada uma das situações acima, o que posso fazer para evitar que as minhas procrastinações gerem conflitos nas minhas relações? O que ganho se não procrastinar mais?
1.
2.
3.

85

Mídia

É indispensável entender o que é a mídia. Vamos direto à influência desse meio na forma como lidamos com o conflito.

Hoje, mais do que nunca, motivados pelas redes sociais, acordamos, diariamente, nos sentindo desatualizados. Essa realidade nos gera ansiedade e uma sensação de angústia, que faz com que, muitas vezes, acabemos gastando muita energia para estar a par de assuntos irrelevantes. Assim, deixamos passar coisas realmente importantes, que nos tornam frágeis e sujeitos à manipulação que a mídia tem interesse de gerar.

Disse Alice Walker, escritora norte-americana: "O jeito mais comum de alguém abrir mão do poder é acreditar que não tem nenhum". Essa é a sensação que temos, quando observamos o frenesi da mídia mundial de massa.

A mídia faz com que a gente se compare a padrões que, na maioria das vezes, são impossíveis de serem alcançados. Elaborados, propositalmente, para despertar um sentimento de inferioridade em nós, ou dependência de algo que interesse a essa mesma mídia nos vender. Sem percebermos, começamos a idealizar um mundo irreal e, consequentemente, damos início a diversos conflitos individuais e com as pessoas ao nosso entorno, sempre que não temos essa idealização concreta.

Especificamente falando, percebemos que, para as mulheres, o maior dilema levantado pela mídia são os conflitos relativos à beleza, enquanto para os homens, as provocações estão ligadas ao poder financeiro. E o ponto comum que mais provoca os dois, ao mesmo tempo, refere-se ao sexo. E ainda para ambos, a mídia acena constantemente com o tão sonhado reconhecimento público.

Nossa insatisfação com a nossa inadequação aos padrões vendidos pela mídia provoca descontrole emocional, inveja, frustrações e outras vertentes emocionais inadequadas para a boa solução de eventuais conflitos que tenhamos de resolver, ou contribuir para a solução no dia a dia.

A mídia tem uma influência significativa no que diz respeito à criação de estereótipos de perfeição, seja em sucesso profissional, beleza, modelos familiares, comportamentos de liberdade e tantas outras mensagens subliminares que nos bombardeiam de maneira escrita, televisiva ou falada – com especial destaque atual para a influência das mídias *online*, principalmente as redes sociais.

Precisamos cuidar e escolher bem os meios pelos quais permitiremos que as informações nos influenciem, pois a angústia gerada pela inadequação do que aceitamos colocar em nossa mente pode desenvolver uma reação defensiva ou agressiva nos relacionamentos que estabelecemos profissionalmente ou pessoalmente, potencializando conflitos desnecessários.

Se você procurar perceber, vai ver que cada meio tem sua própria linha editorial, que tende a desenvolver uma forma específica de abordagem. A solução para lidar com essa questão é, realmente, fazer uma curadoria dos meios e das informações que você acessa e, principalmente, guarda em sua mente.

Religião

Assim como a mídia, quando o assunto é religião, seria muito complexo para este livro explicar suas causas, então vamos direto à influência gerada pela religião na forma como lidamos com o conflito.

Religião e espiritualidade são conceitos diferentes, porém o que importa refletir aqui é sobre a nossa relação com a religião que escolhemos seguir. No que diz respeito às eventuais leis impostas por ela, e não questionadas, que podem potencializar a culpa e, consequentemente, aumentar a influência de crenças limitantes e seus efeitos na nossa vida.

Mesmo a religião fazendo parte do contexto da vida de um ser humano, como sistema integral, precisamos ter o cuidado de analisar se a prática religiosa que escolhemos não está nos influenciando de maneira limitada, afunilando nosso olhar ou entrando em contradição com nossos princípios e crenças. Muitas vezes, conceitos e comportamentos como o castigo ou a punição, que muitas religiões impõem, podem criar barreiras ao desenvolver uma nova perspectiva diante de um conflito.

Independentemente do que escolhemos como o melhor para nossa experiência com o sagrado, o mais importante é respeitarmos as diferenças entre as nossas e as escolhas das pessoas que nos rodeiam. A ausência desse respeito serve de chama para o início de conflitos sem propósito, ou para a manutenção e agravamento de conflitos existentes, pois, neste caso, em especial, estaremos lidando com valores pessoais bastante delicados.

Ao longo de nossa experiência de assessoria empresarial, por diversas vezes, nos deparamos com situações de conflitos entre colaboradores que usavam a religião como critério para julgar ou criticar as posições de um e de outro. Nesses casos, uma das formas de mitigar o conflito é estabelecer um alinhamento de expectativas, focando no respeito às diferenças, o que, na grande maioria das vezes, é confundido com concordar. Entenda: respeito é diferente de concordar e mais ainda de praticar.

Família

Assim como falamos de religião e mídia, a questão da família também torna dispensável dar explicações. Vamos direto à influência gerada pela cultura familiar na resolução de conflitos.

É muito comum vermos famílias que superprotegem seus filhos, por acreditarem que essa é a maneira mais efetiva de demonstrar amor. Sem perceber e sem saber, é comum muitos pais restringirem e limitarem seus filhos em diferentes situações, achando que, dessa maneira, eles ficarão protegidos.

Por incrível que possa parecer, essa "proteção" acontece de diferentes maneiras, com simples restrições, violência ou abuso. E quando convivemos com isso no núcleo familiar, passamos a achar normal que conflitos tenham sempre um desfecho negativo, pois não gostamos de lidar com os desgastes gerados em nossas relações íntimas.

Pessoas que têm referências de relações restritivas, violentas ou abusivas, desenvolvem seu modelo de mundo nesse padrão e, consequentemente, são mais propensas a repetir o padrão conhecido e tratar os outros de maneira incisiva ou inadequada. Com

// A culpa não é minha!?

isso, grandes conflitos são criados, já que cada um vem com um modelo mental de família diferente do outro.

Quando crianças, não tínhamos como escolher o cenário em que fomos inseridos, mas à medida em que nos tornamos adultos, passou a ser nossa responsabilidade reconhecer o impacto gerado pela nossa influência familiar e escolher caminhos para transformar os aspectos negativos. Dessa forma, passamos a agir para que o nosso comportamento vire a favor do nosso desenvolvimento e da melhora das nossas relações com as pessoas com quem interagimos.

Análise das minhas influências familiares

Liste três itens de influência da herança comportamental da sua família de criação, que você incorporou e sente que precisa administrar com cuidado e atenção.

1.

2.

3.

Liste três comportamentos seus, que você pretende deixar como influência para as pessoas com quem convive profissional ou pessoalmente.

1.

2.

3.

Passo 2: identificar e assumir a sua responsabilidade pelo conflito

Certo dia, em um local público, começou uma discussão que chamava a atenção de todos, pela altura das vozes das pessoas em questão e o nível não muito agradável das palavras usadas.

O interessante nessa ocorrência foi observar as peculiaridades dos argumentos usados, que faziam referência não a um problema específico, mas sobre "de quem era a culpa" e sobre "quem fez o quê". O tema principal ficou relegado a segundo plano, como se nem mesmo existisse.

Ficou muito evidente, naquele caso, a grande importância, para a mente humana, da "não responsabilização", que na grande maioria das vezes, toma conta dos conflitos, deixando o conteúdo principal sem a importância necessária para que se possa dar um direcionamento que solucione a desavença.

Aliás, esse mecanismo sempre acontece nos desentendimentos. Começamos a discutir sobre um tema central, fortemente embasados em nossos argumentos, mas, sem que percebamos, nosso piloto automático vai deslocando os argumentos, até que, depois de algum tempo, estamos discutindo, na verdade, sobre "de quem foi a culpa" ou "quem fez o quê" para levar-nos àquela situação.

Para resolver um conflito, é fundamental que cada parte identifique e assuma qual é sua parte de responsabilidade por gerar, manter ou potencializar a situação em questão. E é justamente sobre isso que trabalharemos neste capítulo: a responsabilização, ou seja, a percepção da nossa responsabilidade sobre o que acontece conosco diante de um conflito.

Geralmente, quando entramos em uma situação de conflito, nosso "piloto automático" tende a nos defender, imediatamente, e a buscar onde está o culpado, ou mesmo, qual é a culpa do outro naquela situação. E esquecemos de buscar em nós a parte que nos cabe no processo conflitante.

É importante entender que tudo, absolutamente tudo que acontece em nossa vida, é de nossa inteira responsabilidade. Pensar dessa forma, em algumas situações, pode nos fazer sentir um grande incômodo, pois somos obrigados a sair do papel de vítima – em que sempre colocamos a culpa no outro e ocu-

// A culpa não é minha!?

pamos o "confortável" papel de inocentes – e nos obrigamos a entrar no papel de protagonistas dos nossos problemas, sem esperar passivamente uma solução externa.

Enquanto pensamos como vítimas, assumimos também que a culpa é do outro, ou seja, quem tem que "se mexer para resolver" é o outro. Quando trocamos a ideia de culpa pela de responsabilidade, entendendo e a trazendo para nós mesmos, somos obrigados a nos movimentarmos para encontrar a solução dos problemas.

Esse é o convite que fazemos a você agora: vamos reposicionar esses nossos conceitos sobre os conflitos, tirar a palavra "culpa" do nosso dicionário de administração de impasses e substituir por responsabilidade. Depois, vamos buscar entender que, em uma situação conflituosa, todas as partes envolvidas têm responsabilidade para criar, manter ou potencializar o conflito.

Pensando sob esse enfoque, tudo fica muito diferente, uma vez que nos permitimos sair da posição de vítimas, para protagonistas no processo de solução do conflito. Geralmente, isso não é algo confortável, mas é o primeiro grande passo para resolver qualquer situação de discordância.

Para colocar em prática essas ideias, faça uma rápida reflexão. Pense em alguns conflitos nos quais você está ou esteve envolvido e experimente fazer o exercício a seguir:

Análise da minha responsabilidade no conflito

Conflitos	O que fiz para criar o conflito?	O que fiz para manter o conflito?	O que fiz para potencializar o conflito?
1.			
2.			
3.			

Análise da minha responsabilidade para resolver o conflito

Conflitos	Qual foi a sua ação para:		
	O que fiz para criar o conflito?	O que fiz para manter o conflito?	O que fiz para potencializar o conflito?
1.			
2.			
3.			

Quando olhamos com cuidado essas duas tabelas, percebemos o conflito sob um novo ângulo. Primeiro, entendemos que existe uma estruturação, que, normalmente, não vemos quando agimos no piloto automático – até mesmo porque é muito confortável, emocionalmente, não enxergar essa estrutura, porque se não sabemos que ela existe, não temos como agir por meio dela.

Segundo, entendemos que também temos responsabilidade sobre a situação conflituosa. Terceiro, e tão importante quanto os outros dois, desenvolvemos o entendimento de que nossa responsabilidade é segmentada em criar, manter ou potencializar o conflito.

Independentemente de em qual etapa estamos atuando – criar, manter ou potencializar um conflito –as três ferramentas principais para que possamos entender e assumir a nossa responsabilidade são: autoconsciência, autopercepção e autoconhecimento – conceitos que, a princípio, parecem ser a mesma coisa, mas que têm diferenças importantes, que nos ajudam a entender qual é a nossa parte na estrutura dos conflitos. Vamos trabalhar um pouco mais em cada uma dessas três ferramentas.

Autoconsciência

Nossa mente também é segmentada e existe uma pequena parcela dela, chamada mente consciente, que conseguimos acessar facilmente onde alojamos algumas emoções e tudo o que acontece ao nosso redor no cotidiano. E há outra parte, muito maior, que é a base para a grande maioria dos nossos comportamentos. Essa área chamamos de inconsciente, onde estão alguns registros que, dificilmente, acessamos.

A figura metafórica que melhor representa essas áreas é o *iceberg*. A parte visível, acima do nível do mar, representa o nosso consciente. O inconsciente é representado pela parte submersa e invisível aos nossos olhos, que é bem maior e sustenta todo o *iceberg*. Por analogia, podemos dizer que a base de todos os nossos comportamentos é o inconsciente.

Quando trazemos para o consciente emoções ou fatos que estão registrados no inconsciente, dizemos que nos tornamos autoconscientes. Isso facilita no entendimento de alguns dos nossos comportamentos, de maneira que possamos trabalhar melhor para que os mesmos não criem, mantenham ou potencializem conflitos.

Em um processo de *coaching* junto a uma grande empresa, a queixa principal era sobre o desempenho de liderança de uma gestora recém-promovida. Por uma questão cultural dessa organização que passava por um processo de transição, aquela colaboradora havia sido automaticamente promovida a gerente, por ser a funcionária mais antiga e confiável da área.

Contudo, em breve, os diretores perceberam um grave problema no que se referia à liderança que ela exercia. Os liderados não a respeitavam e ela não conseguia alcançar os resultados esperados pelo diretor que a promovera e, por essa razão, sofria muita pressão. Os diretores discutiam entre si, em geral, culpando o autor da promoção. Enfim, o conflito estava armado e influenciando sistemicamente a organização.

O processo de *coaching* foi iniciado com um diagnóstico sobre a *performance* da líder e um estudo sobre o entorno, para poder entender o contexto que seria trabalhado. Finalmente, revelou-se a grande surpresa: as dificuldades apresentadas até então pela gestora, se deviam, principalmente, a sua dificuldade de falar em público. Ou seja, quando havia duas ou mais pessoas, ela já considerava uma plateia e todos os seus processos mentais eram paralisados. Com uma análise mais apurada, foi descoberto que um receio assustador estava escondido e impresso em seu inconsciente, resultante de vários constrangimentos que ela passara na escola, em apresentações de trabalhos escolares.

Em resumo: fatos ocorridos na infância, no ambiente escolar, foram aflorados a partir do momento em que ela precisou exercer a liderança. Deixaram marcas tão intensas, que se transformaram no gatilho detonador e a base de um conflito sistêmico em toda a empresa.

Uma vez que ela conseguiu trazer essas lembranças, até então esquecidas e escondidas no inconsciente, para o consciente, foi possível fazer um trabalho focado na solução do problema. A partir daí, foi possível desenvolver aquela profissional de uma forma individualizada, desabilitando o gatilho que criava todos aqueles conflitos.

Podemos considerar que autoconsciência emocional significa reconhecer nossas próprias emoções e seus efeitos. Os principais indicadores de que temos essa competência desenvolvida são:

• Identificar as emoções que sentimos e os motivos porque sentimos;
• Compreender a relação entre o que sentimos e o que pensamos a respeito de uma situação que causa tal emoção;
• Reconhecer como aquela emoção afeta nossas ações.

Para fortalecer a autoconsciência emocional, propomos um exercício de atenção para ser usado cada vez que você for pego por uma emoção desconfortável. Responda a si mesmo as perguntas adiante e registre suas respostas na tabela a seguir, nessa ordem, uma de cada vez, somente passando para a pergunta seguinte, quando tiver obtido a resposta da pergunta em questão:

// A culpa não é minha!?

Perguntas	Respostas
O que estou sentindo agora?	
Que nome dou para essa emoção?	
Qual é meu pensamento sobre a situação que gerou essa emoção?	
Como estou agindo por causa dessa emoção e desse pensamento?	
Que impacto essa maneira de agir causa (em mim mesmo, nos outros, em minha vida)?	
Qual a habilidade emocional necessária para lidar com essa situação?	

Este é um exercício simples, mas eficaz, que nos faz prestar atenção ao que se passa conosco, questionar as causas, os efeitos e ainda descobrir quais competências precisamos utilizar ou desenvolver para lidar com o conflito.

Autopercepção

É o conjunto resultante de todas as impressões que colhemos de nós mesmos, tanto dos fatores externos, quanto nos processos mentais. É dessa mistura do interno com o externo que formamos nossa autopercepção.

Por meio da autopercepção, compreendemos o que costumamos chamar de "deslocamento social", ou seja, os nossos comportamentos e reações frente às várias situações a que es-

95

tamos expostos no trânsito social, seja pessoal ou profissional, resultantes de nossas crenças, valores e atitudes.

Na verdade, chegamos à autopercepção quando conseguimos construir um modelo de nós mesmos, entendendo o nosso "funcionamento" e nossas reações. E, por meio desse modelo, construímos nossa autoimagem, unindo, interpretando e fazendo recortes da realidade. O desenvolvimento da autopercepção traz elucidação e profunda clareza a respeito de nós mesmos.

Essa condição de autopercepção nos torna aptos e dispostos a desenvolver uma comunicação íntima conosco e com os outros, adotar um posicionamento mais tolerante para ler o conjunto de fatos, ações e emoções, e nos trazer para um modelo consistente, que separa o real do imaginário.

Para atingirmos a condição de autopercepção, precisamos, acima de tudo, de um ato de amor próprio, para olharmos com compaixão, quando necessário, para esse modelo que pode, por vezes, nos assustar. Sim, pois, em alguns momentos, poderemos nos confrontar com uma autoimagem não muito confortável, contudo real diante da nossa humanidade e condição de seres humanos.

É importante ressaltar que a elaboração desse modelo é constante e ininterrupta por toda a vida, visto que o estado mais natural do ser humano é o de aprendizagem. Portanto, enquanto estivermos vivos, estaremos aprendendo e, automaticamente, atualizando esse modelo em um ciclo constante de leitura, interpretação, correlações, elaborações e construções. Sempre no tempo natural em que cada fato for acontecendo.

Todo esse entendimento sobre a autopercepção tem uma relação direta com a nossa responsabilização nos conflitos, considerando que, com ela, conseguiremos entender, principalmente, em que momento o meu modelo coopera para criar, manter ou potencializar o mesmo.

Temos, assim, infinitos casos de conflitos gerados pela falta de autopercepção. Um exemplo bem clássico disso surge quando fazemos uma comparação entre a nossa autopercepção e a imagem percebida pelos outros ao nosso respeito.

// A culpa não é minha!?

Ou seja, às vezes não temos a real percepção sobre como nosso comportamento é visto pelo outro. Quantas vezes perguntamos para um líder como é seu estilo de liderança e ele nos responde que é assertivo. Perguntamos, então, para os liderados e eles nos dizem que o "chefe", além de nervoso, grita muito e que, por isso, acontecem muitas brigas no ambiente de trabalho.

Percebemos uma total desconexão entre a autopercepção geradora da autoimagem, que não reflete em absoluto a imagem percebida pelos colaboradores. Como já discutimos aqui, todos irão se comunicar e interagir com o que veem, nunca com o que nós achamos de nós mesmos. Sendo assim, já sabemos, conflito à vista.

Para ajudar, propomos o exercício a seguir para que você desenvolva sua autopercepção em uma situação de conflito. O exercício é um aprofundamento do anterior.

Registre aqui as suas observações na situação descrita a seguir: Durante um conflito, consigo perceber quais são as minhas dificuldades ou facilidades em identificar minha parte de responsabilidade no que está ocorrendo (procure observar seus batimentos cardíacos, sua temperatura corporal, sua sequência de pensamentos, entre outras sensações e manifestações do seu corpo e da sua mente).

Minhas dificuldades	Minhas facilidades

Autoconhecimento

Quando conseguimos desenvolver, amadurecer e unir autoconsciência e autopercepção, chegamos até um divisor de águas em nossas vidas, que ajudará fortemente o nosso monitoramento a respeito de criar, manter ou potencializar conflitos. Chegamos, nesse ponto, ao autoconhecimento.

A capacidade de entender quem somos e porque pensamos, sentimos e agimos de determinada maneira, traz, para cada um de nós, um empoderamento que não é entendido e aproveitado pela maioria. Na medida em que nos conhecemos, temos o real entendimento dos nossos potenciais e desafios, aumentando as possibilidades de controlar nossas emoções, sejam elas positivas ou negativas. Ao conquistarmos uma autonomia emocional que nos será permitido fazer escolhas conscientes sobre para onde queremos nos direcionar.

Essa prática cotidiana é a essência da responsabilização de nossos atos que, sem sombra de dúvidas, são entendidos como uma melhoria na resolução de conflitos.

Chegamos ao ponto principal. Na medida em que eu me conheço, entendendo meus limites e potenciais, abro uma série de possibilidades para fazer opções de comportamento mais coerentes com meus objetivos.

No exato momento do conflito, passarei a avaliá-lo com um novo olhar, agora estruturado, entendendo que existem três momentos cruciais: criação, manutenção e potencialização. Se tenho autoconhecimento, ou seja, se conheço meu "funcionamento mental", que passa pelos meus mecanismos de defesa e de acusação, terei, então, uma série de escolhas em cada uma dessas três fases. Esse procedimento nos aproxima da solução dos conflitos e nos permite tirar proveito positivo da situação.

Sob essa perspectiva, o conflito sai de uma visão trágica e incontrolável, para um momento, certamente, desafiador, mas não mais fora do controle, em que não temos absolutamente "culpa de nada".

Sabemos que essa é uma proposta inovadora de ver o conflito. Mas, acredite, ela pode ajudá-lo a reduzir os momentos

// A culpa não é minha!?

desse desafio, ou mesmo, quando acontecer, garantir-lhe opções coerentes e saudáveis que o levarão ao alinhamento de expectativas das partes envolvidas, mudando o velho paradigma de que onde um ganha, outro tem que perder; ou ainda, se uma das partes está certa, automaticamente a outra está errada.

> O autoconhecimento torna a alma jovem e diminui a amargura da velhice. Colhe, pois, a sabedoria. Armazena suavidade para o amanhã.
>
> Leonardo da Vinci

Escreva uma carta para você mesmo, descrevendo o quanto se orgulha de ter aprendido a lidar melhor com os conflitos. Considere que você já tem dez anos a mais do que a sua idade atual e está escrevendo para o você de hoje.

Passo 3: desenvolver habilidades para lidar com o conflito

Se não houvesse a possibilidade de desenvolver novas habilidades ou potencializar as habilidades que já temos, a vida não teria sentido. Seríamos como robôs que só cumprem a programação preestabelecida.

A forma como percebemos o contexto do conflito em que estamos inseridos e o quanto temos consciência da nossa parte de responsabilidade sobre cada situação nos ajuda a entender quando alguma habilidade para lidar com tal desafio não está consolidada.

Por isso, a ideia inicial aqui é fazer um *check-list* das principais habilidades que precisamos desenvolver para transformar situações desafiadoras em alinhamentos benéficos para todas as partes envolvidas.

Percepção

A percepção é um processo cerebral individual, que acontece com base em nosso repertório de experiências passadas, nossa educação, genética, ancestralidade, crenças, valores, cultura, profissão, interesses e tudo o que nos rodeia desde que fomos concebidos.

Segundo o psicólogo B.F. Skinner, "a percepção, de uma forma geral, pode ser descrita como a maneira do indivíduo interpretar os sinais que compõem a sua realidade, transformando esse conjunto de informações em ações".

Esses dados são armazenados em nosso consciente ou inconsciente e, posteriormente, são utilizados como o que chamamos de filtros perceptivos, que nos fazem selecionar o que conseguimos captar ao nosso redor e interpretar, de acordo com o que nos interessa. E é a partir desses filtros que reagimos às situações e nos relacionamos com outras pessoas. Filtros são lentes que nos fazem selecionar o que nos interessa da realidade e dar a ela a nossa interpretação pessoal.

Como ajuda na solução de conflitos

A ideia, aqui, para lidar melhor com conflitos, é ampliarmos nossa percepção para que, diante de uma situação desafiadora, tenhamos o máximo possível de recursos para escolher e aplicar, sem precisarmos restringir a padrões comumente utilizados – por nós mesmos ou por outros.

O primeiro ponto importante para ampliar sua percepção é se cuidar para não cair no mecanismo da generalização. Quando você perceber que tem pensamentos ou expressões do tipo "essa pessoa sempre faz tal coisa", "aquela pessoa nunca faz tal coisa", "todo mundo é assim", "ninguém se importa com nada", é um sinal de alerta. Esse tipo de filtro aponta para uma restrição da sua percepção, o que certamente irá potencializar o conflito.

O ideal é olhar para o fato específico e percebê-lo sem julgamento, focando apenas no ocorrido, com o cuidado de "separar as pessoas do problema" – afinal, o que interessa é resolver o conflito e não a participação das pessoas nele. Separar as pessoas do problema é uma das máximas da negociação colaborativa de Harvard, descrita no *best-seller Como chegar ao sim*, de Roger Fisher e Willian Ury.

Outro mecanismo perigoso, que interfere na nossa percepção e ao qual devemos ficar atentos, é a omissão. Isso acontece quando parte da informação do fato em questão é esquecida, não falada

// **A culpa não é minha!?**

ou desconsiderada. Para evitar esse tipo de filtro, é importante que verifiquemos com as demais partes envolvidas se há algo que não está sendo percebido por nós, mas vale a pena ser ressaltado – afinal, podemos estar impossibilitados de enxergar alguma coisa, simplesmente porque, para nossa percepção, aquilo pode não parecer relevante e, por isso, não ser mapeado na nossa análise da situação.

Por fim, temos o filtro da distorção, que está ligado à nossa capacidade criativa. Nesse processo, de forma inconsciente, fazemos substituições, adulterando a interpretação de um fato. Por meio dela, temos a capacidade de modificar, totalmente, o significado de um acontecimento, uma fala, frase ou expressão, proporcionando uma experiência sensorial que só existe na nossa cabeça.

Temos a capacidade engenhosa, mas não leviana, de modificar totalmente uma intenção, um conteúdo ou algo que o valha. A distorção provoca grande hostilidade entre as partes, visto que as pessoas veem imagens completamente diferentes a partir de um mesmo fato. Para resolver essa situação, o ideal é fazer um alinhamento do que está sendo discutido, com base nos fatos específicos e critérios objetivos.

A partir do momento em que conseguimos trabalhar melhor com nossa percepção, passamos a fazer o mesmo em relação à percepção das pessoas com quem estamos interagindo. Interpretar e compreender a percepção do outro irá nos ajudar a facilitar o entendimento e trabalhar melhor os conflitos apoiados nas informações capturadas.

Mudando os nossos filtros e controlando os mecanismos que eles disparam, podemos mudar o rumo de um conflito. Existe uma quantidade enorme de opções e de escolhas que podemos adotar em um conflito, desde o seu gatilho, até a solução final, e quando nos propomos a adequar as lentes com que olhamos para ele, podemos entender e brecar os mecanismos mentais automáticos que estamos usando e que dificultam o entendimento. O ideal, em um conflito, para que consigamos usar melhor nossos filtros, é focar mais no resultado buscado e menos no problema.

Como desenvolver a percepção

A ideia de desenvolver a percepção é, na verdade, uma forma de poder ampliá-la e, assim, aumentar as possibilidades de observações para fazermos escolhas ainda melhores.

Segue uma tabela com algumas sugestões de observações e ações a respeito:

O que fazer	O que observou sobre si ao fazer o que fez
Faça um *assessment* (teste de perfil comportamental. Sugestão: DISC, *profiler disc* e outros). Anote na coluna ao lado quais novidades você descobriu a respeito de si mesmo.	
Acentue seus sentidos, experimente novas sensações, como, por exemplo, trocar o relógio de braço, vestir-se de olhos fechados ou no escuro, fazer novos caminhos para chegar aos mesmos lugares.	
Participe de brincadeiras e jogos que desafiem a sua percepção: quebra-cabeça, jogos de memória, xadrez etc.	

Na primeira sugestão da tabela acima, falamos sobre uma ferramenta incrível para ampliar a percepção, que são os testes de tendência da preferência comportamental. Esses testes permitem a compreensão rápida de nossa tendência de comportamento no trabalho e na vida. Fazer esse teste nos ajuda a perceber nossos pontos fortes e áreas a serem trabalhadas para melhorar nosso desempenho nos conflitos. Afinal, é só sabendo como tendemos a lidar com as situações, que poderemos dar um novo significado à nossa percepção e fazer novas escolhas.

// A culpa não é minha!?

Alinhamento de expectativas

Se fizermos uma rápida retrospectiva dos motivos pelos quais vivenciamos os últimos conflitos das nossas vidas profissionais ou pessoais, sejam eles de pequeno, médio ou grande impacto, perceberemos que cem por cento deles acontecem porque uma das partes sente que sua expectativa não foi atendida.

Quando se interage com quem quer que seja, em que situação for, é preciso definir, ter claro e alinhar alguns elementos básicos:

- O que se espera que aconteça;
- Quando se espera que aconteça;
- O que se entregará;
- O que deve ser realizado;
- O que se espera receber;
- Quais são as responsabilidades dos envolvidos;
- Quais são os papéis e responsabilidades dos envolvidos.

Enfim, deve ser pensado e relacionado tudo o que pode gerar dúvida ou interpretações diversas por parte do outro.

Esperar que o outro entenda o que você quer dizer, sem deixar claro e de maneira específica o que deseja, é quase que uma atitude de crueldade. Precisamos aprender e lembrar sempre que "o óbvio" precisa ser dito. Isso mesmo. O óbvio só é obvio para quem pensa que é. Para o outro, o entendimento não será, necessariamente, o mesmo.

O óbvio só é óbvio para quem sabe. Sabe aquela parte da informação que você pensa "isso é obvio"? É justamente essa parte que, normalmente, contribui para os desentendimentos. A negação dessa verdade é um grande gatilho para gerar, manter e potencializar conflitos.

Quantas vezes presenciamos discussões em que as partes se acusam, partindo de algum pressuposto que só existe no campo das percepções. Ou seja, criamos algo em nossa mente que pode ser uma emoção ou uma expectativa, e acreditamos piamente que a outra parte sabe o que estamos pensando.

103

O principal e maior gerador de conflito é que temos a "absoluta certeza" de que determinado comportamento deverá vir em resposta ao que estamos elaborando. É lógico que isso não vai ocorrer, já que a outra parte nem imagina o que estamos pensamos, muito menos qual o tema em questão.

Como ajuda na solução de conflitos

Geralmente, a razão desse processo acontecer está na diferença entre os modelos mentais das pessoas envolvidas. Então, se conseguirmos entender como funcionamos e como o outro funciona, ficará mais fácil para trilhar a busca pela solução de conflitos. Ou seja, não existe culpado, ou mesmo intenção em ofender. Acontece que nosso piloto automático nos direciona, sem que percebamos, para o que pensamos ser as nossas "verdades" e, assim, vamos agindo e interagindo com o mundo – que obviamente está cheio de modelos mentais diferentes, pois cada indivíduo é um universo a parte.

Talvez você já tenha tido a oportunidade de presenciar uma briga de casal, em que os parceiros lutam por motivos diferentes, numa mesma discussão. O mais impressionante é que ambos não percebem que estão brigando por motivos distintos, e, assim, seguem naquele conflito totalmente ilógico e desgastante. Cada um acredita que o seu motivo tem lógica e é o certo, sem perceber que isso é apenas uma visão dentro do seu próprio modelo de mundo. Para o parceiro, esse problema, muitas vezes, nem mesmo existe.

Percebemos aí uma total desconexão entre os modelos de mundo, esse é o cerne da questão do óbvio. Construir modelos de mundo é a forma como "funcionamos". Ao fazermos as leituras dos fatos de nosso entorno e criarmos mapas da realidade ao longo de nossas vidas, estabelecemos modelos que, depois, tentaremos aplicar nas mais diversas questões.

Mesmo que não queiramos, de forma consciente ou inconsciente, instalamos "lentes" com as quais vemos o mundo, baseadas em crenças, valores, personalidade, história pessoal, profissão, religião etc. A partir dessas "lentes" fazemos nossas

// A culpa não é minha!?

interpretações pessoais e reagimos a elas. Está formado, então, o nosso modelo mental, que poderá nos levar a conflitos com os modelos mentais de outras pessoas.

Em um conflito entre uma líder e sua equipe, em um caso real, ocorrido em uma das empresas que assessoramos, ocorreram alguns fatos que exemplificam bem essa diferença entre modelos mentais, quando ambas as partes pressupõem o óbvio:

Um grupo de psicólogas fazia uma intervenção comunitária, liderada por uma administradora que trazia uma experiência de cinco anos de trabalho em uma construtora. Evidentemente, essa líder havia desenvolvido um modelo mental profissional, inteiramente voltado para a lógica, para quem apenas números e gráficos refletiam a realidade.

Foi marcada uma primeira reunião de acompanhamento e avaliação. De acordo com a sua prática na construtora, a líder esperava receber um relatório enxuto, baseado em gráficos e porcentagens que expressassem dados quantitativos e concretos das intervenções. Para ela, era essa sua ideia de relatório.

A equipe, que era da área de humanas e pensava totalmente diferente, apresentou um relatório qualitativo, que se referia aos impactos das intervenções, junto aos moradores da comunidade. O conflito foi grande, a ponto de a líder entender até que estava sendo desrespeitada em suas determinações.

Era óbvio, na percepção da líder, o relatório deveria ser quantitativo, pois os números precisavam desenhar a realidade. Por outro lado, era óbvio para a equipe que o relatório deveria ser qualitativo e que versasse sobre os impactos das intervenções nas pessoas.

Estava gerado o conflito. Neste caso, as "lentes" que as partes estavam usando eram diferentes, de acordo com o foco profissional de cada um dos lados.

Concluindo, voltamos para a frase inicial: "O óbvio só é óbvio para quem sabe". Se as pessoas tivessem feito uma reunião prévia para alinhamento das expectativas, e cada parte manifestasse como pensava ser um modelo de relatório que se adequaria àquela situação, teriam chegado a um meio termo e, automaticamente, esse conflito não teria ocorrido.

Voltando, então, ao ponto principal deste tópico, é importante ter em mente que, se você é um líder e costuma ter problemas de divergência em prazos, conteúdos, formatos, comportamentos ou participação de seus liderados, é preciso rever urgentemente sua maneira de combinar o que espera dos seus colaboradores ou pares envolvidos em seus projetos e em suas entregas.

Se você já ouviu de seus interlocutores algo como: "eu achei que tinha entendido desse jeito", "eu pensei que seria entregue outra coisa", "ah, não tinha entendido que seria assim'," mas não era para hoje a minha entrega", "era para eu fazer isso?", ou outras frases deste tipo, então está havendo uma falta de alinhamento e clareza nos objetivos e resultados combinados e esperados.

Como desenvolver o alinhamento de expectativas

O fato é que quando as expectativas não estão alinhadas, quando os acordos e as responsabilidades não são formalizados e não são devidamente divulgados, sempre haverá espaço para o "eu acho..." e serão os conflitos que irão prevalecer.

Portanto, antes de começar um novo projeto, um novo relacionamento, uma nova parceria, uma nova área, uma nova entrega etc., é preciso deixar claro para os demais envolvidos o que esperamos, de maneira específica, estruturada e formalizada. É preciso alinhar as expectativas e também abrir espaço para que as demais partes envolvidas coloquem suas ideias, limitações, possibilidades e impossibilidades, a viabilidade ou a inviabilidade de cumprir o que está sendo exposto.

Só assim conseguiremos o entendimento, sem deixar espaço para interpretações adversas, e, consequentemente, firmar o comprometimento que irá blindar nossas relações de conflitos desnecessários.

Para se estruturar de maneira específica um alinhamento de expectativa, é fundamental seguir os passos a seguir. Se quiser experimentar uma simulação para começar a desenvolver sua habilidade

// **A culpa não é minha!?**

de alinhar expectativas, pense em alguma situação que está difícil de resolver e preencha a tabela a seguir:

1. Comunicar a outra parte a respeito da necessidade de um alinhamento de expectativas, em vez de começar falando de maneira imperativa. Escreva aqui como poderá começar este diálogo:

2. Comunicar a pauta a respeito do que se quer alinhar às informações. Escreva aqui os principais tópicos a serem tratados:

3. Começar expondo as características que você julga serem óbvias a respeito da situação, projeto ou seja lá o que for. Verificar se a outra parte enxerga dessa mesma maneira, ou se já nesse momento é necessário alinhar um entendimento a respeito da interpretação. Anote aqui os pontos que você julga importante citar:

4. Definir critérios específicos sobre a questão como, por exemplo: prazos, formatos de entrega, pessoas envolvidas, ferramentas utilizadas e outras características relevantes. Já chegue na conversa com estes itens definidos, então aproveite agora e faça uma lista agora:

5. Deixar explícitas possíveis consequências positivas a respeito da execução acontecer conforme combinado, assim como o compartilhamento dos riscos ou consequências, caso as coisas não aconteçam como se espera. Pense agora nessas possibilidades e já anote abaixo:

6. Rever a possibilidade de os critérios serem atendidos. Em caso de negativa, é importante estimular todos os envolvidos a se dedicarem em achar outra maneira para atender a pauta em questão. É importante ter um plano B, que tal criar um neste momento e anotá-lo aqui?

7. Estabelecer uma verificação final da viabilidade do que está sendo proposto e conseguir o compromisso de todos os envolvidos em fazer conforme o combinado. Qual prazo você irá propor? Anote a data e a hora aqui.

8. Formalização do que foi combinado. Como pretende formalizar o alinhamento realizado (*E-mail*, *WhatsApp*, contrato, *software* de gestão?

// A culpa não é minha!?

Devemos fazer o alinhamento de expectativas para qualquer situação? A resposta é sempre "sim".

O que diferencia é apenas o formato. Para casos mais complexos e com consequências de alto impacto, o ideal é seguir os oito passos anteriores em uma reunião, com duração máxima de 90 minutos.

Em casos de complexidade e impacto mediano, basta um *stand up meeting* que contemple o fato em questão, o que se espera, a checagem da viabilidade e a formalização. *Stand up meeting* é um tipo de reunião rápida que deve acontecer com as pessoas em pé, por isso, *stand up*. A duração máxima deve ser de 15 minutos.

Já em casos de baixa complexidade, uma simples conversa por telefone ou um rápido papo ao café pode ser o suficiente para as partes exporem suas percepções, combinarem a melhor maneira de agir e formalizar o acordo.

Muitas vezes, pode parecer perda de tempo alinhar expectativas, mas basta você medir quanto tempo, dinheiro e energia se perde com retrabalhos e logo ficará claro que investir tempo em fazer alinhamentos do que se espera é uma prática simples, porém de grande relevância em sua assertividade.

O mercado valoriza quem sabe dizer "vamos parar e alinhar o que precisa ser realizado e o que cada um deve fazer e receber", e tem a habilidade e a potência para fazer isso, mesmo que se esteja em meio ao caos e desinteresse das pessoas.

Invista e insista em utilizar e desenvolver essa habilidade. Faça disso um hábito.

Comunicação

Rafael Echeverría, brilhantemente, nos traz o pensamento de que "a linguagem constrói realidade" e gera identidades, relações, compromissos, possibilidades, futuros diferentes e mundos distintos. E onde há relação, há conflito.

A isso se soma o pressuposto da PNL – Programação Neurolinguística – que diz que "a responsabilidade da comunicação é de quem comunica".

109

Se você não concorda com essa afirmação, basta se imaginar em um país onde você não domina o idioma e tenha a necessidade de solicitar alguma informação. Pergunte a si mesmo: quem quer ou precisa ser entendido? Você? Então de quem é a responsabilidade da comunicação?

Para concluir o raciocínio, compartilhamos uma frase do livro *O meu, o seu, o nosso querer*, de Renata de Nizo:

> Nosso grande desafio é nos tornarmos indivíduos poliglotas dentro da nossa própria língua.

Como ajuda na solução de conflitos

Todo conflito contém um processo comunicacional e uma das maneiras de evitá-lo ou resolvê-lo é por meio da comunicação, pois podemos expressar nossas habilidades e intenções.

Como desenvolver a comunicação

Para deixar isso mais claro, compartilhamos, a seguir, algumas maneiras eficientes para desenvolver a sua habilidade de comunicação:

1. Empoderar significa tirar a pessoa do medo, da insegurança, da defensiva, para fortalecê-la e torná-la mais confiante, focada, decidida, atenta ao outro, aberta para escutar e falar das questões relacionadas ao conflito com clareza e tranquilidade.

2. Legitimar é estimular, reconhecer a importância de algo ou alguém e validar. Pode estar relacionada tanto com o conteúdo da mensagem, quanto com os interlocutores e a relação entre eles.

3. Oferecer reforço positivo para incentivar pessoas a continuarem com comportamentos ou atitudes positivas, produtivas ou eficientes.

4. Escutar ativamente com todos os sentidos (audição, visão, tato, olfato, paladar), com o objetivo de compreender a mensagem como um todo, incluindo aspectos verbais e não verbais, a partir da identificação das emoções expressadas.

// A culpa não é minha!?

5. Utilizar adequadamente os julgamentos é a maneira mais potente de consolidar a confiança. É importante lembrar que é impossível não julgar, porque julgar é um instrumento de defesa. Se ao observar um alimento que nos oferecem, pelo seu aspecto, percebermos que pode estar estragado, este julgamento pode salvar nossa vida. É possível que você esteja pensando agora se a leitura deste livro está agradável ou não: outro julgamento. A questão não é não julgar, mas o que fazemos com os julgamentos. A dica é transformar os julgamentos em hipóteses e buscar mais informações para compreender o outro. Isso não significa que concordamos com o que estamos ouvindo, mas, sim, que entendemos a forma e os motivos pelos quais o outro se coloca de tal maneira. Quando apenas julgamos, a escuta fecha e perdemos a oportunidade de nos relacionarmos.

6. Lembrar que é impossível não se comunicar. Este é um dos axiomas descritos na pragmática da comunicação humana. A tentativa de "não comunicação" expressa muitas coisas e dá margem para interpretações infinitas. Renata di Nizo coloca que "o não-dito cimenta a vida" pode anular a individualidade e impacta na identidade. Quando conseguimos falar para o outro o que é importante para nós, e vice-versa, isso, de alguma forma, se desenvolve. Mas, não dizer pode travar a fluidez da relação e do processo em andamento.

7. Usar uma estrutura de *framing*. O enquadramento expressa a forma, seleção, ênfase ou a ordem com que estruturamos as palavras que queremos dizer, considerando o que é mais importante para quem está ouvindo. Afinal, a forma como as opções são apresentadas influencia a outra parte. Veja o exemplo a seguir, que tivemos acesso numa das formações de negociação que fizemos na FIAP, com os professores Emanuel Pessoa e Gustavo Schiefler, cuja fonte é George Siedel da Universidade de Michigan, em referência a estudo de Kahneman e Tversky.

Exemplo: como médico chefe de um hospital, você está se preparando para lidar com a disseminação de uma bactéria, cuja expectativa é de que cause a morte de 600 pessoas. Seus dois principais técnicos discordam sobre as únicas duas medidas disponíveis. Qual você escolhe?

Reposta 1:

Programa A: 200 pessoas serão salvas.

Programa B: 1/3 de probabilidade de que 600 pessoas sejam salvas e 2/3 de probabilidade de que ninguém será salvo.

Resposta 2:

Programa A: 400 pessoas vão morrer.

Programa B: 1/3 de probabilidade de que ninguém irá morrer e 2/3 de probabilidade de que todas as pessoas irão morrer.

Comparação das respostas 1 e 2:

Você já deve ter reparado que os dois exemplos falam exatamente a mesma coisa, porém de formas diferentes. O que significa que devemos pensar bem antes de apresentar as informações para as pessoas com quem estamos interagindo.

Neste exemplo, antes de escolher como apresentar a questão, seria muito importante saber se as pessoas tinham aversão ou atração ao risco. Isso, com certeza, influenciaria a forma como iriam escolher.

8. Usar ancoragem: é o ponto de referência que delimitamos quando comunicamos uma informação específica. Um exemplo fácil para entender o sistema de ancoragem é pensar numa negociação. Imagine que você está vendendo um produto ou serviço e a pessoa que vai comprar quer ter uma ideia de quanto custa. Vamos dizer que você vende este produto por R$ 6 mil. Veja, a seguir, duas formas diferentes de apresentar seu preço:

Resposta 1: Em torno de R$ 6 mil.

Neste caso, quanto você acha que seu possível cliente irá oferecer ou aceitar pagar? Provavelmente, menos de R$ 6 mil.

Resposta 2: Entre R$ 6 mil e R$ 10 mil.

Neste caso, quanto você acha que seu possível cliente irá oferecer ou aceitar pagar? Qualquer valor maior que R$ 6 mil e menor do que R$ 10 mil.

// A culpa não é minha!?

Então, podemos delimitar a perspectiva de valor a respeito do que estamos informando, simplesmente delimitando o campo de visão do outro. Isso nos protege de uma possível desvalorização.

9. Saber perguntar. Perguntas precisas são muito valiosa para a gestão de conflitos. É importante perguntar a partir de hipóteses e informações que você pretende obter. Veja os principais tipos de perguntas:

Perguntas abertas: têm como objetivo obter mais informações. **Exemplo:** o que aconteceu quando você chegou ao trabalho?

Fazer perguntas abertas é uma forma amigável de envolver as pessoas em uma conversa. Esse tipo de pergunta ajuda a visualizar quais são os interesses ou necessidades da pessoa e para que ela está pedindo determinada coisa. Uma pergunta aberta estimula a pessoa a falar mais sobre o assunto ao qual questionamos e não exige defesa, pois somente demonstra a nossa curiosidade. Perguntas abertas demonstram curiosidade e vontade de escutar. Servem para:

• Estimular narrativas e explorar a situação de maneira mais completa e profunda;
• Coletar dados, emoções e revelar questões;
• Criar um clima adequado para a conversa;
• Descobrir o que é importante para a pessoa que responde.

Perguntas reflexivas: têm como objetivo levá-lo a uma análise. **Exemplo:** o que você realmente precisa, aqui e agora?

Muitas vezes, basta uma reflexão para encontrarmos aquelas respostas que estão ali, prontas, mas que pouco se apresentam. Esse tipo de pergunta não tem resposta certa ou errada, mas, sim, o objetivo de fazer um questionamento puro e simples, gerar uma reflexão e tornar claras e visíveis as respostas. Perguntas reflexivas servem para:

• Fazer a pessoa pensar, comparar e analisar um tema;
• Ajudar o outro a ampliar a percepção sobre um tema.

Perguntas circulares: têm como objetivo trazer um elemento externo para a conversa.

Exemplo: se você estivesse vivendo tal situação, como se sentiria?

Em geral, esse tipo de pergunta é usado para ajudar as pessoas a verem as coisas de uma outra perspectiva, seja referente ao tempo (passado, presente e futuro), a um ponto de vista, outra pessoa ou elemento.

• Facilitam a empatia;

• Facilitam o processo de negociação e alinhamento de expectativas.

Perguntas fechadas: têm como objetivo obter informações específicas.

Exemplo: o que você precisa neste momento? Reconhecimento?

Uma pergunta fechada é respondida, em poucas palavras, comumente com sim ou não. Elas são usadas para obter fatos e informações precisas e servem para:

• Obter confirmação;

• Checar o entendimento.

10. Usar comunicação não violenta e autenticidade: Marshall Rosenberg desenvolveu o conceito da "comunicação não violenta", pautado na empatia e autenticidade. De maneira resumida, pratica-se assim:

a. Expondo o fato que o incomodou, de maneira específica e neutra;

b. Comunicando o sentimento gerado em você por este fato;

c. Compartilhando sua necessidade que não está sendo atendida na situação;

d. Demonstrando empatia, colocando-se no lugar do outro, imaginando seu contexto e interesses;

e. Perguntando ao outro como ele entende esta situação exposta por você.

// A culpa não é minha!?

Empatia

Sempre que falamos em empatia, vem à nossa mente aquela imagem de calçar o sapato do outro, ou seja, a nossa capacidade de se colocar no lugar do outro para ver o mundo a partir de suas perspectivas. E, apesar de parecer fácil, afinal nosso cérebro é equipado para a conexão social, ainda assim temos dificuldade de oferecer empatia, por conta da falta de clareza do que realmente isso significa, de consciência e, principalmente, pela falta de treino.

Vamos começar apontando o que não é empatia, para evitar enganos. A seguir, vamos estudar algumas formas simples para oferecer empatia de maneira consciente.

Primeiramente, é bom deixar claro que simpatia não é empatia. O fato de sermos simpáticos à situação exposta ou à presença do outro, significa apenas que podemos ser amistosos, agradáveis. Simpatia vem do grego *syn-phatos*, que quer dizer "sentir junto". E isso pode gerar uma mistura que exclui a neutralidade e o não julgamento.

Compaixão também não é empatia. A compaixão traz consigo um sentimento piedoso, acompanhado de um desejo de minorar o sofrimento alheio por adesão a esse sofrimento. Compaixão vem do grego *com-pati*, que quer dizer "sofrer junto". E, muitas vezes, é comum acharmos que estamos sendo empáticos, quando temos este tipo de reação.

Empatia é a capacidade de compreender as crenças, experiências e ideias do outro, sem julgamento, ao sentir tristeza ou alegria com ele. Quando estou sendo empático, consigo pensar com o cérebro do outro, sentir com os recursos emocionais do outro e compreender a ação do outro sem pretender mudar nada. Normalmente, nestes momentos as pessoas expressam sua vulnerabilidade e precisamos ser cuidadosos com isso.

Quando oferecemos empatia é comum que a outra parte se sinta acolhida, simplesmente pelo fato de se sentir compreendida. Por este motivo, é natural compartilharmos informações sigilosas e sentimentos mais delicados. Precisamos cuidar para sustentar o que quer que venha, de maneira natural e acolhedora, para não potencializar o conflito em questão.

A empatia cria espaço para a pessoa ser ouvida e chegar onde ela tem que chegar. Com empatia, começamos as conversas, visando escutar para compreender e não só para responder.

Como ajuda na solução de conflitos

Quando você entende as motivações da outra pessoa em uma situação de conflito, é possível lidar melhor com a negociação, por perceber que existe um motivo legítimo para o outro também defender sua posição dentro daquela situação.

Como desenvolver a empatia

O que devemos fazer para desenvolver a habilidade da empatia? Eis algumas atitudes recomendáveis:

1. Pare de competir pelo troféu "quem sofre mais". Quando alguém estiver contando alguma situação indesejada, evite fazer comentários, dizendo que já passou por uma situação parecida, mas no seu caso foi ainda pior. Esta é uma tentativa de aliviar o sentimento da outra pessoa, mas não ajuda em nada, pois a pessoa não se sentirá melhor por conta disso.

2. Pare de querer resolver o problema do outro. Essa é uma tentativa de acabar com o assunto, pois pode estar difícil para você lidar com o que está ouvindo.

3. Pare de aconselhar. A pior coisa que se pode ouvir num momento desafiador é aquela frase que começa com "se eu fosse você...". Não tem nada pior para gerar na pessoa, uma sensação de impotência e incompetência.

4. Ouça atentamente e sem julgamento. Você pode se dispor a compreender exatamente o que aconteceu com o outro, mas lembre-se: compreender não é necessariamente concordar.

5. Parafraseie o que é dito pela outra pessoa. Comece com "parece que o que você está querendo dizer é...". Parafrasear confirma o entendimento, os sentimentos e os valores envolvidos na questão em si. Parafraseamos quando repetimos o que foi dito pelo outro, porém sintetizando, organizando, diminuindo o impacto da carga emotiva negativa, mas reconhecendo essa emoção. Uma forma fácil de fazer isso é substituindo a palavras que ouvimos, por outras de menor impacto negativo, como por exemplo, "difícil" pode virar "desafiador".

6. Exercite ser empático consigo. A partir do momento que conseguir compreender a si mesmo, você será mais capaz de compreender os outros.

7. Durante o diálogo, lembre-se de dois princípios básicos da comunicação não violenta, que a princípio requerem um esforço para serem utilizados: a) por trás de todo comportamento existe uma necessidade; b) todo ato "violento" é uma expressão trágica de uma necessidade não atendida.

Nossa sugestão aqui é que você se coloque no lugar do outro e tente imaginar o que, de verdade, essa pessoa com quem está tendo um embate pode estar querendo. Pode ser que nem ela mesmo saiba e, por isso mesmo, acaba agindo desastradamente. Talvez ela só queira atenção.

Imagine uma criança que toda noite quando encontra os pais fica irritada, chorona e até agressiva, e por mais que os pais queiram gerar um bom clima para àquelas poucas horas que ficam juntos, a criança não facilita as coisas. Pode ser que esse seja o momento em que ela reclame da falta que sente dos pais, a sua necessidade de ter mais tempo e atenção deles.

Sem saber como se expressar, acaba agindo instintivamente, de modo a criar agitação no ambiente. Afinal, ela não entende que os pais estão ausentes nos outros momentos em que ela gostaria de tê-los por perto, porque estão indo atrás de prover recursos para oferecer o melhor e cumprir dignamente seus papéis de pai e mãe.

Agora, faça uma reflexão: será que nós, em muitos momentos, também não agimos exatamente assim, atuando na vida a partir da nossa criança interior não atendida?

Energia sexual

Quando começamos a escrever este livro, bem ainda no início, quando discutíamos a abordagem que seguiria o fio condutor a ser retratado no sumário, nos veio, em meio a tantos temas que giram em torno da gestão de conflitos, a questão da sexualidade. Mais precisamente, como a energia sexual influencia as relações humanas.

Esse tema da sexualidade, ligado às relações humanas, principalmente à gestão de conflitos, pode nos levar ao pensamento superficial do senso comum, de que a falta de atividade sexual gera agressividade, impaciência, irritabilidade etc. Se essa referência for voltada para uma mulher, a codificação com esses comportamentos é tolamente mais forte.

A sociedade, de uma forma geral, criou um tabu sobre o tema sexualidade tão grande que, hoje, em pleno século 21, percebemos que a grande maioria da população é ignorante sobre o mesmo. Ou seja, é permitida apenas a prática, mas discussões e reflexões que levem a um entendimento mais profundo e maduro e da sua relação com o comportamento humano não são permitidas. A não ser em meios acadêmicos, palestras, eventos específicos etc. O que já é uma grande conquista.

Mas, perceba que pessoas "de fino trato", educação rebuscada, nível social e acadêmico altos, ainda hoje, tendem a não fazer referência ao tema, com fluência, em conversas sociais despretensiosas. Quando o assunto é abordado, é feito por meio de códigos ou de uma forma grotesca e maliciosa, que não ajuda a ninguém, e ainda foge total e absolutamente da beleza e naturalidade que é a sexualidade humana.

Chegamos ao ponto de nunca podermos falar sobre nossa sexualidade. Quando alguém é identificado com uma suposta atividade sexual acima da média, é visto de forma diferenciada e com bastante preconceito, principalmente, se for uma mulher. Neste caso, o senso comum faz uma associação direta entre a quantidade de desejo sexual e o comportamento moral e social, atribuindo ideias de desvios, leviandades, libertinagens ou promiscuidade a quem foge da dita "normalidade".

Contudo, se a sexualidade exacerbada for relacionada a um homem, ele é visto como um "macho alfa", mas também de forma diferenciada e maliciosa. Então, em nenhum dos gêneros, masculino ou feminino, o sexo é tratado como algo natural.

Temos, então, o cerne da questão, que liga esse tema a forma como as pessoas lidam com os conflitos do dia a dia, visto

// A culpa não é minha!?

que é justamente o desejo sexual bem desenvolvido e bem trabalhado, que gera uma energia inigualável capaz de impulsionar a criatividade e a ação humana equilibrada.

Aproveitar todo esse potencial energético, entendê-lo como algo positivo e transformá-lo em força impulsionadora, mostra uma boa ideia. Ou seja, conscientes dessa exuberância natural do ser humano, não devemos sufocá-la, mas, sim, buscar canais de escoamento, que possamos reverter a nosso favor, nos mais variados aspectos da vida humana, incluindo corpo, mente e espírito.

De acordo com Napoleon Hill, uma pesquisa científica avaliou e comparou biografias de mais de 200 anos de história e revelou que os maiores realizadores da humanidade e os que acumularam grandes fortunas, sendo homens ou mulheres, tinham o ímpeto sexual altamente desenvolvido.

Movidos por essa emoção, conseguiram um enorme poder de ação e uma classificação na categoria "gênios", ou seja, de acordo com Hill, a capacidade de alcançar vibrações e percepções de conhecimentos que não estão disponíveis na intensidade normal do pensamento humano, os colocou nessa categoria diferenciada com maior poder de visão e ação.

Essa reflexão sobre a canalização da força do desejo sexual nos traz para um questionamento relevante: você já percebeu que a maioria das pessoas bem-sucedidas alcança o sucesso depois dos 40 anos, geralmente entre 50 e 60? Então, vamos analisar esse período. Nessa fase da vida, ainda possuímos o desejo sexual bem apurado.

Contudo, com a maturidade, conseguimos fazer com sabedoria a canalização do mesmo para nossas realizações profissionais. Estamos mais focados, em busca de grandes metas. A energia sexual é sábia e, intuitivamente, usada na competitividade do dia a dia.

Agora, vamos lá para a adolescência, ou mesmo para os 20 e poucos anos, isto é, vamos para os "arroubos da juventude", quando acontecem os picos hormonais. Levados pela imaturidade normal dessa época, deixamos a energia sexual totalmente focada no aspecto físico. Vibramos com a mesma aflorada e descarregada, na grande maioria das vezes, centrada na quantidade de relações. E ainda não conseguimos fazer a sua canalização para outras áreas da vida e utilizá-la como combustível, muito menos pensamos em qualidade, quando o assunto é prática sexual. O foco é quanto mais relações sexuais, melhor.

A Programação Neurolinguística nos diz que 55% do impacto da comunicação humana é não verbal. Portanto, mais da metade dos canais de comunicação, principalmente a demonstração de como "funcionamos", pode ser lida observando nosso comportamento, nossa movimentação e uma série de códigos que estão em nosso corpo. Isso nos dá dicas valiosas de como fazer a leitura da energia sexual em outros, visto que essa gera um magnetismo diferenciado que pode ser percebido por meio dessa observação.

Vamos, então, às dicas, ainda fundamentadas em Napoleon Hill. Ele nos mostra pistas significativas sobre como fazer essas leituras. De acordo com seus estudos, pessoas muito sexualizadas, que trazem a emoção do sexo no pensamento, vibram diferentemente das outras. Geralmente, apresentam uma aparência pessoal marcante e cuidam bastante de si, ou seja, são vaidosas. Porém, mais importante do que a simples vaidade, usam roupas que delimitem um estilo próprio e forte, que marquem sua personalidade. O senso comum, facilmente, percebe e codifica essa marca, contudo não consegue fazer a associação direta à exuberância da energia sexual.

O tom de voz e o aperto de mão também chamam atenção, trazem a marca e a força desse magnetismo. No comportamento, movem-se com mais vivacidade, mas conseguem acoplar a naturalidade ao seu movimento, visto que, para essas pessoas, a sexualidade tende a ser algo natural, ajustado à sua agilidade e sem tabus.

Pessoas que buscam profissões vibrantes e que precisam, no exercício da mesma, influenciar os outros, tendem a ter uma grande energia sexual. Independentemente do sexo masculino ou feminino, são incluídos, entre essas pessoas, os grandes vendedores, cantores e dançarinos de músicas da alta vibração; atores com presença forte de palco; advogados e políticos eloquentes; palestrantes, grandes oradores, entre outros.

// A culpa não é minha!?

Perceba que esses são profissionais que tendem a ter um magnetismo próprio e que atraem a atenção de outras pessoas. Mesmo não sabedores desse mecanismo físico/mental, usam, sabiamente, porém, inconsciente e intuitivamente, a energia sexual transmutada para atrair a atenção para si e conseguir seus objetivos profissionais.

Eles são seguidos por um olhar consciente para a proposta apresentada pela profissão, contudo, inconscientemente, são atraídos pelo magnetismo da sexualidade. De uma forma geral, esses profissionais despertam em outros um desejo sexual diferenciado, não despertado anteriormente. Vale ressaltar que o gatilho do mecanismo desse desejo não é consciente, portanto, não deve ser questionado ou reprovado, é simplesmente um exercício na exuberante natureza das relações humanas.

As consequências da ausência do desejo sexual e do arrefecimento de sua prática são fáceis de serem comprovadas, quando observamos o comportamento de animais que têm suas glândulas sexuais retiradas, ou seja, são castrados. Estes se recolhem, amansam, ganham docilidade e perdem quase que, totalmente, seu poder de ação e competitividade. Ficam reféns da proteção que o entorno pode lhes oferecer, vindo essa dos seres humanos ou mesmo de outros animais.

Concluímos, então, que a energia sexual pode e deve ser canalizada para as relações humanas, principalmente à criatividade e ao magnetismo, na competitividade do mercado de trabalho, onde temos que disputar cada espaço todo dia.

Contudo, a mesma, vista isoladamente e como gatilho de força competitiva, pode nos tornar seres extremamente secos, frios e ferozes, ou ainda podemos nos tornar levianos, promíscuos e manipuladores, indo para o extremo oposto, que é a degradação humana, que inclui aspectos físico e espirituais.

O que nos resta é o uso inteligente e saudável do desejo sexual. Precisamos reconhecer sua existência natural e assumir que ele existe como uma de nossas expressões, juntando ele aos seus complementos: amor, companheirismo e romantismo, que suavizam e humanizam a força dessa energia. Do contrário, seremos puramente como os animais irracionais.

Allessandra Canuto, Adryanah Carvalho & Ana Luiza Isoldi

É importante deixar claro que o excesso e o descuido com o hábito sexual podem ser tão prejudiciais quanto o desmazelo com a comida, álcool ou drogas. Portanto, sabedores da exuberância e da força dessa energia, cabe a nós o uso inteligente e saudável da mesma.

Todo o contexto descrito anteriormente, pode ser, automaticamente, direcionado para os momentos de conflitos. Ou seja, o entendimento dessa força, o estímulo ou contenção, nos tornará seres capazes de fazer escolhas mais proveitosas no momento da negociação dos conflitos que se apresentarem no nosso dia a dia, sejam pessoais ou profissionais.

Como ajuda na solução de conflitos?

Partindo do entendimento do conjunto que somos de corpo, mente e espírito, a manutenção da nossa energia vital é fundamental para a preservação do equilíbrio do nosso sistema como um todo. Sob esse controle, mantemos níveis energéticos estáveis, que nos proporcionam um olhar sereno e equilibrado sobre as adversidades que encontramos no nosso dia a dia. Só assim enxergamos as situações, realmente, como são e não sob influência de possíveis descompensações hormonais, por exemplo.

Importante entender que as dificuldades que acontecem no nosso entorno, e nos levam para situações conflituosas, muitas vezes, não dependem apenas de nós. Porém, se o nosso sistema estiver em harmonia, poderemos nos munir de uma visão estratégica e uma série de ferramentas mentais de discernimento e ação, que nos tornarão hábeis em gerenciar esse momento desafiador.

Desenvolver o equilíbrio da energia sexual

Desenvolver o equilíbrio da nossa energia sexual passa, primeiramente, pelo entendimento de que funcionamos sobre um tripé de corpo, mente e espírito. E que, embora a energia sexual esteja focada no físico, toda e qualquer dimensão do nosso ser só estará bem quando esse tripé estiver em harmonia.

Partindo desse princípio, concluímos que é fundamental o desenvolvimento constante de atividades que permeiem essas três dimensões, dando sustentabilidade a cada uma individualmente e, por consequência, permitindo o transbordo para o todo.

Temos, então, várias opções como práticas integrativas desses três sistemas: a *yoga*, meditação, *tai chi chuan*, práticas de respiração, entre outras. São atividades que têm no entendimento do ser humano a visão de um ente que deve ser tratado e desenvolvido integralmente. Todas essas práticas ajudam a concentrar e mobilizar a energia vital presente em todos nós, que nos dará suporte para o encorpar da energia sexual.

Este é amparado pela maturidade, de maneira que essa energia pode e deve ser canalizada adequadamente, deslocando-se da simples satisfação física e passando a refletir em nosso equilíbrio emocional. O que, sem dúvida, atua diretamente no nosso desempenho pessoal e na nossa *performance* profissional.

Negociação

Segundo Robert Bordone, professor do Harvard Negotiation Institute, negociação é "qualquer comunicação entre duas ou mais pessoas, com finalidade persuasiva ou de promover influência". Ou seja, negociamos o tempo todo, muitas vezes, sem perceber. A negociação é uma habilidade que funciona como recurso capaz de evitar a indiferença e também o desgaste de uma situação não resolvida ou mal resolvida.

Como ajuda na solução de conflitos

A questão é que, frequentemente, se enxerga negociação como algo competitivo, em que para que um ganhe, o outro precise perder. Este é um modelo antigo de pensamento sobre negócios. No mundo em que vivemos, e com toda transformação que estamos passando, esse modelo competitivo não funciona tanto. Temos que treinar a negociação colaborativa, em que as duas partes ganham e cada uma tem suas necessidades atendidas. Poder negociar de maneira mais produtiva irá influenciar, diretamente, na qualidade das sugestões de solução do conflito que você irá fazer.

Como desenvolver a negociação

De maneira prática, seguem abaixo alguns pontos importantes para você considerar ao desenvolver a sua habilidade de negociação.

1. Pense: para que eu quero o que quero? E para que o outro quer o que quer? Estas são as primeiras perguntas que precisamos fazer diante de uma situação em que haja uma diferença de posições e opiniões. Fazê-las nos ajuda a compreender quais são os meus interesses e quais são os da outra parte, para que possamos perceber o que temos de interesses e necessidades em comum e quais são os interesses opostos ou divergentes.

2. Paralelamente a tudo o que estiver acontecendo, é preciso sempre pensar em, no mínimo, uma alternativa possível de apoio à negociação, para o caso de que tudo que estamos interessados em conquistar dê errado. Pelo método Harvard de negociação, denominamos esta ferramenta de BATNA (*Best Alternative to a Negotiated Agreement* – Roger Fischer). Em outras palavras, fica a pergunta: o que eu posso fazer, sem o outro lado, para atingir meu interesse, se não conseguir um acordo? A resposta é a melhor alternativa sem o acordo.

3. É preciso desenvolver a capacidade de pensar no máximo possível de opções, para resolver a questão das partes envolvidas se sentirem contempladas. Melhor ainda será se conseguirmos envolver a outra parte a criar estas alternativas em conjunto. A ideia dessa criação é maximizar os interesses compartilhados e explorar os interesses diferentes.

4. Comparar a melhor alternativa fora da negociação das opções postas serve de métrica para medir se o acordo compensa ou não.

5. É importante demonstrar a legitimidade do que estamos propondo para a outra parte. Podemos fazer isso usando critérios específicos para demonstrar que tal opção proposta está embasada em uma informação de um especialista, tabela publicada, um dado de um instituto reconhecido etc. Nossa capacidade de demonstrar legitimidade evita aquele sentimento de injustiça, que atrapalha a conclusão das negociações de modo satisfatório.

// A culpa não é minha!?

6. É preciso cuidar da maneira como comunicamos nossa proposta para a outra parte. Por isso, precisamos elaborar essa comunicação de maneira que seja, realmente, compreendida pelo outro, considerando a sua percepção de mundo.

7. Nos relacionamentos, devemos considerar a cultura e repertório da outra pessoa com quem estamos negociando. É importante que, durante o processo, demonstremos afeição e respeito para consolidar uma relação de confiança. Cada negociação afeta o relacionamento entre os negociadores. Por isso, é importante lembrar que todo mundo gosta de ser bem tratado e que a maneira como tratamos a outra pessoa é determinante na forma como ela vai tratar o acordo.

8. Devemos lembrar que, para negociar bem, precisamos ser expansivos, porém não exagerados. Afinal, ninguém gosta de negociar com gente difícil.

9. É importante lembrar que não são apenas os negociadores que afetam a negociação, mas também a negociação afeta os negociadores – o que afeta o processo como um todo. Portanto, precisamos separar a pessoa de seu estado emocional. Até mesmo uma terceira parte pode influenciar, predispondo a pessoa a adotar determinada posição na negociação. Por isso, precisamos ter um canal de interlocução com o negociador, para saber se essa interferência está acontecendo. O bom relacionamento protege a negociação da influência de terceiros.

10. Em momentos de atrito durante a negociação é importante lembrar que "as pessoas não são o problema". Devemos nos voltar para a questão em pauta, em vez de perder tempo nos incomodando com dificuldades próprias da pessoa em si. Uma das máximas do livro *Como chegar ao sim*, é: "seja duro com os problemas e suave com as pessoas", por isso faz sentido "separar as pessoas do problema".

11. É preciso sempre lembrar de formalizar a conclusão do que foi negociado, para evitar desgastes futuros.

125

12. Para finalizar, uma prática que devemos ter sempre em mente, em processos de negociação, é o "adestramento do ego", ou seja, o foco deve ser alcançar o resultado esperado do processo de negociação e não, simplesmente, ganhar uma briga, disputa ou discussão.

Passo 4: agir na direção da solução do conflito

Chegou a hora de agir! Considerando os capítulos anteriores e as ferramentas já estudadas, apresentamos, a seguir, um esquema para ajudar na organização das ações para lidar com conflitos. Acompanhe:

1. A primeira coisa a fazer é admitir que temos um conflito. A partir desse ponto, iremos estabelecer uma consciência do que vem impedindo um novo olhar sobre as discordâncias e vamos dar um novo significado a elas.

2. Torna-se, então, possível perceber que todo conflito pode trazer consigo uma oportunidade, um aprendizado e muita energia para agir. Pode estimular a criatividade na resolução de um desafio, engajamento entre os envolvidos para superar as diferenças, além de identificar o que de positivo a situação pode proporcionar, estimulando um sentimento positivo para lidar com o conflito, nos fazendo perceber que ganhamos alguma coisa com isso.

3. É fundamental reconhecer a nossa parte de responsabilidade no conflito. Se mantenha ou se potencialize. Quando assumimos nossa responsabilidade diante de uma situação de conflito, saímos do modo de funcionamento mental da vítima e passamos para o modo de funcionamento de protagonistas. A partir disso é que será possível sentir empoderamento para agir.

4. Chegou a hora de entender o para que cada pessoa envolvida no conflito quer o que quer. Para isso, será importante identificar qual necessidade não atendida gerou tal situação. Quais são os reais interesses de cada parte? É importante que estejamos conscientes de quais são as nossas predileções e necessidades a serem atendidas, além de checar com as outras partes quais são as delas.

// **A culpa não é minha!?**

5. A partir das informações anteriores, este é o momento de criar o máximo de opções para lidar com o conflito em pauta. Use sua criatividade para isso. Se for possível, convide a outra parte para criar soluções junto com você. Nós acreditamos que é de maneira colaborativa que sempre surgem as melhores soluções, que consideram as necessidades de todas as partes envolvidas. Aplique um filtro de critérios objetivos para decidir a melhor opção e considere ter uma carta na manga para lidar sozinho com a situação, caso a outra parte não queira resolver.

6. Podemos, então, formalizar a proposta de solução, utilizando as habilidades estudadas nos capítulos anteriores. Caso seja necessário, ainda há a possibilidade de fazer adequações e melhorias que visem atender os interesses e as necessidades de maneira ainda mais efetiva.

7. Então, vamos fazer acontecer. A ação começa agora.

Mesmo depois de conhecer todo esse esquema de lidar com os conflitos, é bom deixar claro que ainda existem pessoas que acham que uma mágica irá acontecer e que seus conflitos irão se diluir instantaneamente. É claro que isso não irá acontecer. Se assim fosse, por que perderíamos tempo em desenvolver habilidades que não seriam utilizadas?

Nenhum método pode garantir sucesso se não for aplicado. Só saber o que fazer não adiantará nada se não colocarmos em prática. Durante toda a explicação sobre como desenvolver as habilidades necessárias para lidar com os conflitos no passo anterior, fizemos questão de sugerir formas de desenvolvê-las na prática. Isso já apoia o passo quatro.

O que sugerimos agora é que, de uma maneira estratégica e inteligente, você se proponha a experimentar desde já os passos anteriores. Porém, este é um momento onde percebemos que surge uma questão muito relevante. Sabe aqueles momentos na vida em que você diz: "chegou a hora de agir" e, de repente, começam a surgir em sua mente várias dúvidas a respeito dessa certeza? Pois é! É sobre isso que precisamos tratar para garantir que o momento de agir na direção dos conflitos se realize. Então, seguem a seguir alguns possíveis diálogos mentais que, inconscientemente, possam surgir na sua mente para que você fique atento ao que fazer com cada um deles, caso isso venha a acontecer:

— Para que fazer isso? Não vai adiantar nada.

— Nada vai mudar... Eu vou perder meu tempo.

— Para que tentar mudar? Eu já sei como lidar com esta situação... Deixa quieto.

— Essa pessoa / empresa é assim mesmo... não vai ser agora que isso vai ser diferente.

— Eu não preciso disso. Para que dar minha opinião? Pode ser que isso vire contra mim.

— A culpa é dos "outros" mesmo. Não tem nada que eu possa fazer.

— Eu não posso fazer nada e não tenho nada a ver com o que está acontecendo. Sou só uma vítima desta situação.

— Para que mudar? Não vai ter consequência nenhuma.

— Deixa para tentar da próxima vez.

— Hoje eu estou cansado demais para fazer diferente.

— Hoje eu tenho outras coisas mais importantes para fazer.

— Outras pessoas continuam agindo do mesmo jeito e está tudo bem, para que você quer ser diferente?

— Se eu agir como agia antes, mesmo que não tenha o resultado esperado, as pessoas irão me perdoar.

Mas, a pergunta que nós queremos fazer é: como anda sua relação com a sua palavra?

Passamos por diversas situações, nos incomodamos, buscamos solução e nos capacitamos. Na hora de agir, você diz para si mesmo que quer fazer diferente, que deseja se desenvolver, que quer ser ainda melhor e que, para isso, vai fazer o que for preciso. E então? Vai fazer mesmo? Ou vai arrumar mais uma desculpa verdadeira para não cumprir sua palavra consigo? Afinal, podem tirar várias coisas de você: dinheiro, cargo, pessoas e tantas outras coisas, mas, a única pessoa que pode descumprir a sua palavra é você!

// A culpa não é minha!?

Você vai ressignificar sua relação com os conflitos e transformá-la em oportunidades riquíssimas, se você disser para si mesmo que irá fazê-la. Só assim será possível fazer o que tem que ser feito. Pode ser que, num primeiro momento, você não faça tudo o que está compartilhado aqui neste livro, mas se você se propuser a colocar pouco a pouco, passo a passo, fazendo deste método uma espécie de *check-list* para ajudá-lo a ser cada dia melhor, este será seu maior ganho: perceber o poder que tem de comprometer-se com você mesmo!

Muitas vezes, nos sabotamos, cedendo aos pensamentos pré-programados que nos jogam de volta no piloto automático. Então, para mitigarmos este risco, seguem a seguir três estratégias para lidar com os efeitos indesejados destes possíveis pensamentos sabotadores e conseguir seguir adiante, colocando em prática nossa atuação sobre os conflitos:

1. O efeito de convencê-lo não vale a pena. Quando algum tipo de pensamento questioná-lo se o esforço vale a pena ou não, fique centrado naquilo que você pode fazer. Concentre-se nos ganhos e faça escolhas baseadas no que quer conquistar em relação ao que deseja, ao invés de dar atenção e ficar valorizando as condições adversas.

Suponha que você é um líder e a empresa na qual atua está passando por um processo de mudança no sistema de gestão. É muito provável que sua equipe comece a se questionar sobre o motivo de estar passando por isso. Neste momento será muito importante que você envolva seus liderados, proporcionando reuniões que os ajudem a perceber o que cada um irá ganhar apoiando esse novo modelo organizacional.

Aproveite as pautas dos encontros para mostrar a importância do papel de cada um para o melhor aproveitamento das oportunidades que surgem em momentos de mudança. Utilize os sistemas de avaliação e *feedback* para apontar as habilidades mais importantes no desenvolvimento dessa pessoa.

Organize um mini evento com seus liderados para potencializar o espírito de grupo e os ajude a perceber como um influencia no todo e como o todo está influenciando em cada um. Abra espaço para que eles se coloquem e compartilhem suas dúvidas e questionamentos. Somente ciente do que realmente está acontecendo você poderá escolher a melhor maneira de agir.

2. O efeito de desencorajá-lo a agir, mostrando que o entorno é mais forte. Neste caso, é melhor agir como um lutador de *jiu-jitsu*, e passar a utilizar toda a força de ação do entorno para favorecer a mudança que você precisa e quer promover.

Digamos que você foi promovido ou convidado a tornar-se gerente de RH da empresa da qual era consultor. Ao assumir sua nova função, você percebe que existe uma força muito potente e declarada de que as coisas sempre foram assim, tudo sempre funcionou e os resultados sempre foram alcançados. Porém, você percebe que esses resultados foram conquistados às custas de muito desgaste, uma rotatividade de colaboradores altíssima, um alto índice de pessoas adoecendo e muitos conflitos entre áreas.

Por ser um profissional muito atualizado e com muita experiência de mercado, você sabe que essa empresa poderia ter resultados muito melhores, se conseguisse gerir melhor todas as questões que consomem muito da energia produtiva. O fato mais agravante é que essa força é exercida pelos líderes principais da empresa, neste caso, os sócios e diretores. E agora?

Agora, a ideia é que você utilize o arquétipo do lutador de *jiu-jitsu*. Vamos começar pensando nas competências básicas e como elas se aplicam à sua realidade:

a) Relaxar nas quedas. Um lutador deve ter a capacidade de relaxar durante os *rounds* da luta, para gastar menos energia. Um líder também precisa aprender a aceitar quando suas sugestões são recusadas ou adiadas, afinal ficar forçando aceitação no momento errado poderá gerar um desgaste interpessoal enorme, além do grande consumo de energia do seu tempo pensando em como fazer para ser aceito. Aprender a relaxar quer dizer ter a capacidade de observar o que está acontecendo, absorver a angústia ou frustração e ressignificar.

// A culpa não é minha!?

Isso facilita identificar qual foi a causa raiz da não aceitação ou adiamento, possibilitando um novo posicionamento.

b) Fazer pegada. Um lutador, para fazer uma boa pegada, deve ter força nas mãos, eficiência e potência de força adequada e, por último, pegar no lugar certo. Um líder deve ter força na alma, aquela que imprime uma vontade de querer o bem do outro e querer verdadeiramente ajudá-lo a perceber sua força. Um líder calibra sua força com base no seu foco, contemplando o da empresa. Com isso, sabe acessar as pessoas certas com informações organizadas de tal maneira, que transforma a sua percepção em possibilidades de melhorias comprovadas.

c) Controle da respiração. Um lutador tem sua capacidade de aprender técnicas e conseguir executá-las no tatame, diretamente ligada ao seu estado de espírito. Para um líder, funciona do mesmo jeito. O líder só consegue colocar em prática suas estratégias e utilizar todas as ferramentas que tem a sua disposição, se conseguir ter autocontrole, e sua respiração é um ótimo indicador disso. Se a respiração do líder estiver suave e uniforme, é bem provável que suas ações sigam o mesmo ritmo. Mas, se estiver ofegante ou sem ar, a probabilidade de não fazer as melhores escolhas é muito alta. Manter a atenção na sua respiração ajudará a mantê-lo concentrado no objetivo maior e, com isso, ajudar as pessoas a seu redor terem esse mesmo olhar. Dessa maneira, consegue contribuir para que os resistentes vejam que é seguro segui-lo.

d) Usar a força do outro a favor de si. Um lutador usa a própria força ou alavancas do oponente, para conseguir direcionar esforço até um local mais favorável na luta. No seu caso, como líder, o ideal é que consiga usar o poder, o posicionamento e a força de convencimento para a concretização da estratégia que mais beneficia a empresa. Então, primeiro será necessário reconhecer para essas pessoas o tamanho de sua força, depois demonstrar como ela está sendo utilizada hoje e os resultados que vêm tendo. E, por último, propor que, preservando o que já existe, é possível acrescentar uma nova perspectiva que potencialize os resultados de maneira estruturada. Então, aos poucos, você ganha a confiança das pessoas que geravam resistência e, pouco a pouco, vai mitigando o que impactava negativamente.

3. O efeito de ser atacado e ter suas potencialidades desqualificadas. É muito comum surgirem em nossa mente várias vozes dizendo que não somos capazes de fazer o que tem que ser feito, seja por incompetência, impotência, despreparo e tantos outros motivos desqualificadores. Então, o que fazer?

Em primeiro lugar, não revide esses pensamentos com uma resposta hostil contra si mesmo. Não rejeite, não se defenda e nem contra-ataque. Quebre o círculo vicioso, se recusando a reagir. Ao invés de revidar, nossa sugestão é que você se desvie e abra espaço para observar o que existe por trás do impulso do ataque recebido. Para isso, trate esse ataque como uma possível opção, afinal, já que está aparecendo, deve ser contemplado. A partir desse lugar, verifique os interesses que estão submersos a essa provocação. Identifique os princípios dessa informação e pense em maneiras de resolver a questão, de um jeito que considere essa realidade. Assim, será possível partir para ação de forma mais estruturada e não ser pego lá na frente sentindo-se enfraquecido por uma questão surpresa.

Digamos que você seja um profissional autônomo e que mapeou que a maioria de seus conflitos com clientes ou parceiros se dá pela sua dificuldade de empatia e isso irá gerar uma comunicação pouco assertiva. Sua queixa mais recorrente é o fato de ter que pedir várias vezes uma mesma coisa para uma pessoa e, ainda assim, não ser atendido da maneira como imaginava.

Então, você leu todo o livro até aqui, agora chegou o momento de colocar a teoria em prática, mas se depara com os pensamentos que gritam dentro da sua cabeça. Eles dizem que você não é bom em comunicação, que não tem força suficiente para convencer ninguém e ainda valida tudo isso, lembrando que faz mais de três anos que você não se atualiza para lidar melhor com as pessoas e para conquistar seus objetivos. O que fazer?

// A culpa não é minha!?

Primeiro, aceite esses pensamentos como presentes. Segundo, mude de lugar dentro do seu cérebro, se perguntando: o que esses pensamentos querem me mostrar? Existem várias possibilidades, dentre elas: a necessidade de protegê-lo de uma possível frustração, a necessidade de consideração, a necessidade de descanso, aceitação ou tantas outras contempladas na lista, ao final deste tema.

Digamos que, no seu caso, a necessidade é de proteção contra a frustração. Identificada a necessidade, é hora de planejar um jeito de colocar o aprendizado em prática, contemplando a possibilidade de dar tudo errado e você se frustrar. Como fazer isso? Uma possibilidade é se propor a colocar em prática o conteúdo em doses homeopáticas, experimentando um passo de cada vez e verificando que foi possível realizar a mudança de forma satisfatória. À medida em que você vai se sentindo seguro, consequentemente, estará mais confiante para implementar o passo seguinte, e assim sucessivamente.

Aquilo que surge em nossas mentes faz parte da nossa realidade, mesmo quando não se realiza, por isso é importante contemplar e acolher o pensamento ou o sentimento que surgir. Agora que já conseguimos colocar toda energia para agir, segue abaixo um mapa para nos direcionarmos durante o processo da ação.

Lista das necessidades humanas mais comuns:

Autenticidade	Proximidade	Apoio
Riso	Paz	Empatia
Sexo	Autoestima	Apreciação
Abrigo	Comunhão	Harmonia
Beleza	Compreensão	Ordem
Movimento	Celebração	Contribuição
Respeito	Consideração	Diversão
Descanso	Autonomia	Toque
Inspiração	Clareza	Honestidade
Criatividade	Aceitação	Encorajamento
Inclusão	Pertencimento	Prazer
Significado	Amor	Luto
Relaxamento	Alimento	Contemplação

Passo 5: identificar, mensurar e resolver o conflito

Já entendemos que todo conflito tem uma estrutura e que, no momento certo, fica mais fácil lidar com ele.

Quando trabalhamos no sentido de dar um novo significado a um conflito, de modo a vê-lo como um momento desafiador, abrimos oportunidades para um grande crescimento pessoal. Além do que caminhamos na direção da solução do conflito em questão e da melhora no relacionamento com as pessoas envolvidas.

Dentro desse método desenvolvido para lidar melhor com conflitos, aprendemos a conhecer melhor os fatores que os influenciam e trabalhamos para perceber como lidamos com eles.

Depois, entendemos que é fundamental assumir a nossa responsabilidade por termos criado o conflito, por mantê-lo e até mesmo potencializá-lo.

O passo seguinte foi identificar, trabalhar e desenvolver as habilidades necessárias para o enfrentamento e solução de conflitos.

Chegamos, então, à condição necessária para agir na direção da solução do conflito.

Essa caminhada nos mostrou quais são, em geral, os formatos de pensamentos sabotadores que aparecem durante um conflito e como lidar com eles para, finalmente, enfrentá-lo da forma mais adequada. Assim ficamos de frente, cara a cara com o conflito, mas agora sem os mistérios do despreparo, assumindo o controle da situação e ordenando ações que levem a soluções.

Com esse novo olhar, conseguimos ocupar um novo lugar nos relacionamentos que estão em conflito, com a certeza de estarmos capacitados para lidar com os momentos mais desafiadores – e não mais como se estivéssemos em um carro desgovernado, que nos leva por caminhos tortuosos.

Agora, chegou a hora de aprender a fazer um diagnóstico da situação a cada momento, de medir, mensurar, quantificar e saber se todos os passos dados estão nos levando, de fato, em direção à solução do conflito.

// A culpa não é minha!?

É preciso estabelecer um ponto de verificação e aplicar técnicas para avaliar como estamos lidando com conflito. E, a partir daí, definir os próximos passos e ações necessárias para cada um desses casos.

Essa é uma etapa fundamental, pois de nada adiantaria nos esforçarmos no sentido de resolver um conflito se, no final, não conseguirmos saber se realmente chegamos ao lugar desejado, ou pelo menos se estamos no caminho certo.

Aqui entra o grande desafio. Quando se trata de comportamento humano, não é tão simples quantificar completamente os resultados. Conflitos envolvem pessoas e emoções e, portanto, existe certa dificuldade em saber se eles realmente foram resolvidos.

Como medir os resultados de ações de gestão e solução de conflitos? Como conseguir identificar uma medida que quantifique um comportamento? Como saber se, realmente, foi possível resolver o conflito? Ou, se não conseguiu resolver, qual o nível de complexidade que envolve a situação? Quais fatores já foram neutralizados e quais ainda influenciam a situação, de modo a perpetuar o conflito? Qual é a potência desses fatores?

O primeiro passo é perceber que todas essas perguntas estão voltadas para nós mesmos – isto é, toda avaliação só é possível "de você, para você mesmo", visto que não temos como resolver ou medir o que se passa com o outro. Portanto, a metodologia que apresentamos aqui se aplica a "saber qual é o nosso posicionamento frente ao conflito que estamos lidando".

Vamos apresentar, a seguir, grupos de afirmações que, ao serem completadas, vão gerar tabelas e estas, por sua vez, vão gerar gráficos que ajudarão você a responder a todas as questões que levantamos ainda há pouco.

É desnecessário dizer, mas sempre vale lembrar que, para o método funcionar para você, é fundamental que suas respostas sejam as mais sinceras possíveis, que realmente reflitam o que você está pensando e sentindo no momento.

Outro ponto de máxima importância é ter claro em sua mente que os gráficos e quadros que surgirem refletirão o seu posicionamento frente a determinado conflito, mas apenas no momento exato em que as afirmações forem completadas. Portanto, eles são pontuais e temporais. Caso o questionário seja respondido em outro momento, as respostas tendem a ser outras. Consequentemente, os gráficos sobre o mesmo conflito poderão ser outros. Afinal, de um dia para o outro, ou às vezes de um minuto para o outro, nossos pensamentos, sentimentos e percepções a respeito de um mesmo tema podem ser alterados, por conta de situações ou experiências que vivenciamos.

Desse modo, depois de fazer os gráficos e os quadros e perceber o enquadramento do conflito, você poderá adotar novas ações para lidar com ele e, então, continuar a monitorá-lo ao longo do tempo, avaliando se mudou de intensidade, além de observar qual é a movimentação dos fatores influenciadores do conflito.

Resolvemos chamar "conflitômetro" a ferramenta de diagnóstico de análise de um conflito. Ele será composto por três informações que, ao final, serão compiladas num único quadro de indicadores relacionados com algumas propostas de ações:

• **Informação 1:** avaliar o grau do conflito em relação ao impacto que ele pode gerar ou está gerando em nossa vida;

• **Informação 2:** verificar os fatores que podem estar, ainda, o impedindo de lidar melhor com os conflitos e aproveitá-los como oportunidades positivas;

• **Informação 3:** analisar suas próprias habilidades para apurar quais podem contribuir para resolver o conflito, analisando, individualmente, o grau de desenvolvimento de cada uma, para poder ter ações mais estratégicas e menos reativas.

Com as três informações acima, você terá seu conflitômetro, um quadro que irá mostrar a relação entre estas informações e um diagnóstico com algumas hipóteses de cenário ou contexto em que você está inserido.

A partir dessas hipóteses, propomos algumas sugestões de ações mais recomendadas para que você seja mais estratégico na sua abordagem em relação à busca pela solução.

// A culpa não é minha!?

Para aproveitar bem esta ferramenta que desenvolvemos a partir da nossa própria necessidade de monitorar nosso desenvolvimento, siga o passo a passo de cada uma das fases a seguir.

Informação 1: avaliando o grau do conflito

A. Para se certificar se você está ou não diante de um conflito, é só fazer as seguintes perguntas:
O que eu quero é diferente do que a outra pessoa quer?
Se a resposta for sim, você está diante de um conflito.

B. Agora, para saber o nível de dificuldade, pergunte-se:
A diferença tem objetivos ou interesses semelhantes?
Se a resposta for...

Para ficar mais claro cada um destes níveis, vamos citar alguns exemplos:

Conflito de nível baixo

São conflitos marcados pela semelhança ou proximidade de interesse entre as pessoas envolvidas. Imagine uma empresa cuja área comercial pleiteia novos carros para seus vendedores, pois entende que, com os carros novos, seus vendedores serão mais produtivos, porque não perderão tempo resolvendo problemas de manutenção. Além disso, os novos carros passam uma impressão de maior credibilidade ao chegar para visitar um cliente.

Por outro lado, a área financeira, com seus indicadores de economia, mas também os de faturamento e lucratividade, tenderá a resistir à compra inicialmente, pois quanto menos gastar, melhor. Porém, com o desenvolvimento da análise da situação, a área financeira percebe que tem os mesmos interesses que a área comercial, que é tornar a empresa mais lucrativa. Para isso, percebe que precisa gerar mais e melhores negócios.

A partir dessa situação, ambas as áreas podem entrar em um acordo para fazer a aquisição dos veículos, com a meta de atender às necessidades de todos. Considerando outras variáveis deste cenário bem simplificado, poderão chegar a diversas formas para efetivar a compra e potencializar a obtenção de resultados para a empresa. Ou seja, ambos estarão trabalhando a favor da resolução da situação que, inicialmente, era aparentemente conflitiva.

Conflito de nível médio

São conflitos marcados pela contrariedade, isto é, uma parte puxa a situação para um lado e a outra para o outro lado. Pensem em um casal numa situação em que um dos cônjuges quer comprar uma casa e o outro quer comprar um apartamento. Os dois trabalham muito e contribuem igualmente para as conquistas materiais da família.

Eles decidiram que irão investir suas economias em um novo imóvel, pois era o sonho de toda a família. Porém, aquele que quer

// A culpa não é minha!?

ir morar em uma casa tem claro o quanto seriam mais felizes tendo mais espaço para viver, quem sabe teriam até um jardim e uma piscina para se divertirem com as crianças, tudo isso de maneira que sua privacidade ficasse garantida.

Já a pessoa que quer comprar um apartamento tem certeza absoluta de que seriam ainda mais felizes se pudessem ter a segurança de morar protegidos, além de terem menos tempo gasto com a manutenção de itens de lazer, como jardim e piscina, porque isso seria cuidado pelo condomínio. E as crianças ainda teriam a oportunidade de se socializar com outras. Para resolver essa questão, será necessário criar soluções que contemplem as reais necessidades de cada um dos dois cônjuges.

Conflito de nível alto

São situações marcadas pela anulação de uma das partes, em que uma delas, para ter o que necessita, impede que a outra parte tenha o que ela quer. Ambas as partes ficam, então, focadas em atender unicamente à sua necessidade, dificultando a solução do conflito. O agravante nesse caso acontece quando o fato de conseguir o que uma das partes quer ainda impacta em contrariar outras pessoas importantes ao redor – isso gera uma força ainda maior contra a possibilidade de buscar uma alternativa de acordo ou conciliação.

Um exemplo comum que encontramos nas empresas são as disputas por cargos. Certa vez, nos deparamos com um caso da disputa pela vaga da diretoria comercial em uma empresa de tecnologia, onde os dois colegas atuavam como gerentes dessa mesma área comercial. Um gerenciava a equipe que vendia as soluções para o segmento de indústrias e o outro atuava no mesmo nível, porém gerenciando a equipe que vendia para o comércio.

Ao saberem da oportunidade, ambos, que eram muito próximos e parceiros, começaram a mudar de atitudes, por perceberem que, ao assumirem mutuamente que estavam interessados pelo cargo de diretoria, imediatamente passariam a concorrer um com o outro. Afinal, o desejo de promoção era o mesmo para ambos, mas, no final, apenas um conseguiria. Como já se pode imaginar, ambos passaram a agir como concorrentes, o que gerou, imediatamente, um clima negativo para a área como um todo.

Foi necessário fazermos uma mediação e colocar critérios específicos a respeito da vaga, o que os ajudou na conscientização sobre quem estava mais preparado para assumir a oportunidade naquele momento. Mas, nem sempre as empresas utilizam esse método para resolver essas questões, infelizmente.

Outro exemplo. Imagine um casal que há anos guarda, disciplinadamente, seu dinheiro, em proporções idênticas, para fazer uma grande viagem de férias. A princípio, nenhum dos dois tinha claro um lugar definido para realizar esse sonho. Ambos não tiravam férias havia bastante tempo e quando chegaram, finalmente, a ter uma quantia de dinheiro suficiente, resolveram viajar.

Conversaram e decidiram pesquisar para onde iriam. Nessa busca, um deles resgatou um grande sonho de infância, que era conhecer o mar do Caribe. Ao mesmo tempo, o outro lembrou que, por conta de comprar a casa em que moram, abriu mão de seu sonho de fazer uma expedição pela Antártida. Então resolveram revelar, um para o outro, os seus desejos.

Não é preciso detalhar a frustração, nem a angústia que se instalou entre os dois. Eles estavam diante de um conflito de grau alto. Atender a uma opção de viagem excluiria completamente a outra. Imagine então se, além disso, houvesse ainda filhos ou pais envolvidos nessa viagem. A questão só se agravaria.

Se resolvessem ir para o Caribe, aquele que gostaria de estar na Antártida não teria o mesmo entusiasmo, e vice-versa. Se buscassem um terceiro lugar para ir, ambos se frustrariam e a situação não se resolveria. O mais provável é que alguém, nesse caso, arrastaria uma frustração dentro da relação, por anos sem fim.

Pare por um momento e pense em um conflito que você pode estar enfrentando ou que já enfrentou. Faça uma análise dentro desse enfoque e registre a sua conclusão, colocando um X na posição adequada, na tabela a seguir. Justifique a sua resposta.

// A culpa não é minha!?

Assinale o grau do conflito que você está enfrentando:

GRAU	SUA CONCLUSÃO	JUSTIFIQUE
ALTO		
MÉDIO		
BAIXO		

Informação 2: verificando os fatores que nos impedem de lidar bem com o conflito

Metodologia de resposta

Serão apresentados grupos de cinco frases, com afirmações referentes a cada um dos fatores que identificamos como influenciadores de conflitos, já detalhados neste método:

- Comodismo
- Vitimização
- Crenças
- Medo
- Orgulho
- Mídia
- Religião
- Vergonha
- Culpa
- Família
- Justificativas ou procrastinação

Você vai marcar com um X a coluna com a frequência que mais representa sua realidade a respeito desta afirmação descrita: nunca, às vezes, frequentemente ou sempre. A cada uma dessas respostas será atribuído um valor, conforme mostra a tabela a seguir:

141

Nunca	Às vezes	Frequentemente	Sempre
0	1	2	3

Vamos fazer um exemplo:

Parte 1: primeiro você lê a afirmação e escolhe qual intensidade mais representa sua realidade (você fará o mesmo com cada um dos demais fatores). Ao final da série de cinco afirmações de cada fator, você fará o somatório dos valores atribuídos e obterá um resultado representativo. Veja o exemplo a seguir de como calcular um fator específico. Você fará o mesmo com todos, um de cada vez.

COMODISMO				
Afirmação	Nunca (0)	Ainda (1)	Frequentemente (2)	Sempre (3)
Penso que não tenho oportunidades na vida.	0			
Sinto falta de motivação.			2	
Tenho problemas repetidos ou iguais.				3
Evito mudanças.		1		
Fujo de conflitos.			2	
SOMATÓRIO			8	

142

// A culpa não é minha!?

Parte 2: você lançará todos os resultados finais de cada fator numa única tabela como a anterior, fará a somatória do total e depois aplicará o valor na fórmula abaixo.

O resultado dessa fórmula é o seu atual índice de fatores que impedem você de lidar melhor com os conflitos. Este índice em percentual será utilizado mais à frente no seu conflitômetro.

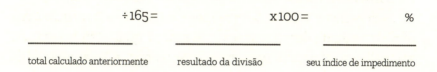

÷ 165 =   x 100 =   %

_____   _____   _____

total calculado anteriormente   resultado da divisão   seu índice de impedimento

Parte 3: para facilitar a visualização e conseguir avaliar o quanto esse índice está impactando sua relação com o conflito, o gráfico a seguir mostra quatro zonas de impacto, cada uma representa um grau de dificuldade e necessitará de tratamento depois que relacionarmos o índice de impedimento com o índice de habilidade que apresentaremos à frente.

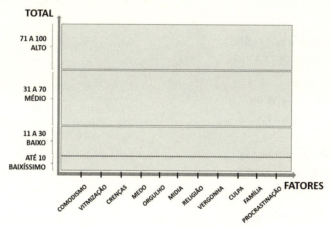

Agora, como mostramos com o fator comodismo, você fará o mesmo completando as tabelas relativas aos outros fatores, para, ao final, termos um quadro geral sobre quais são os fatores que mais o atrapalham ao lidar com um conflito e de que forma aproveitá-lo como uma oportunidade – isso tudo considerado dentro daquele momento do preenchimento das tabelas.

Então, chegou sua vez de avaliar todos os fatores.

Reserve alguns minutos em um local tranquilo, para concentrar-se nessa tarefa e estar atendo às sensações e pensamentos que surgem durante os questionamentos. Seja honesto consigo. Mesmo que a resposta surja em sua mente e não o agrade, anote-a. Não se engane, pois só você tem acesso a esta análise. Forjar respostas idealizadas pode ser um sinal de autossabotagem.

Seja realista! Não se desqualifique e nem se superestime. Assim, o resultado dessa avaliação vai indicar qual é fator que mais atrapalha e influencia negativamente na sua atuação diante de uma situação de conflito.

Agora é você com você. Preencha as 11 tabelas a seguir:

COMODISMO				
Afirmação	Nunca (0)	Ainda (1)	Frequentemente (2)	Sempre (3)
Penso que não tenho oportunidades na vida.				
Sinto falta de motivação.				
Tenho problemas repetidos ou iguais.				
Evito mudanças.				
Fujo de conflitos.				
SOMATÓRIO				

// A culpa não é minha!?

VITIMIZAÇÃO				
Afirmação	Nunca (0)	Ainda (1)	Frequentemente (2)	Sempre (3)
Crio expectativas em relação às pessoas.				
Acho que minha situação é pior que a das pessoas ao meu redor.				
Acho que estão querendo me prejudicar.				
Sinto que algo de ruim pode acontecer a qualquer momento.				
Sinto muito mal-estar.				
SOMATÓRIO				

CRENÇAS				
Afirmação	Nunca (0)	Ainda (1)	Frequentemente (2)	Sempre (3)
Tenho certezas absolutas que justificam que o que penso está correto.				
Tenho uma afirmação pré-formatada para responder a uma provocação.				

Afirmação				
Enxergo claramente de que as coisas são do jeito que eu acho que são.				
Acredito nas críticas que me fazem.				
Acho que nunca estou pronto o suficiente.				
SOMATÓRIO				

MEDO				
Afirmação	Nunca (0)	Ainda (1)	Frequentemente (2)	Sempre (3)
Defendo minha posição para me proteger de ataques.				
Evito desgastes ou confrontos, independentemente de quem esteja certo.				
Não gosto de me posicionar e/ou ter que dar minha opinião.				
Perco as forças diante de uma situação desafiadora				
Quero fugir quando sou pressionado.				
SOMATÓRIO				

// A culpa não é minha!?

MEDO				
Afirmação	Nunca (0)	Ainda (1)	Frequentemente (2)	Sempre (3)
Evito assumir que falhei ou que errei.				
Tenho dificuldade de ficar vulnerável.				
Acho que estou com a razão.				
Acredito que para um estar certo o outro deve estar errado.				
Protejo-me ou reajo contra críticas.				
SOMATÓRIO				

MÍDIA				
Afirmação	Nunca (0)	Ainda (1)	Frequentemente (2)	Sempre (3)
Sinto-me desatualizado em relação às notícias.				
Acredito que não tenho poder de influência sobre a mídia na minha vida.				

	Nunca (0)	Ainda (1)	Frequentemente (2)	Sempre (3)
Comparo-me a pessoas com padrões muito superiores aos meus.				
Consumo informações pelos mesmos meios de transmissão.				
Tenho dificuldade de acreditar em novos meios de informação.				
SOMATÓRIO				

RELIGIÃO

Afirmação	Nunca (0)	Ainda (1)	Frequentemente (2)	Sempre (3)
Acredito que as leis da minha religião são inquestionáveis.				
Acredito que existe uma força punitiva.				
Estranho as religiões diferentes da minha.				
Coloco a religião acima de tudo.				
Critico as religiões diferentes da minha.				
SOMATÓRIO				

// A culpa não é minha!?

VERGONHA

Afirmação	Nunca (0)	Ainda (1)	Frequentemente (2)	Sempre (3)
Sinto vergonha em momentos de exposição.				
Não me sinto merecedor de atenção.				
Acho que sou imperfeito.				
Não valorizo meus conhecimentos e experiências.				
Fico desconfortável ao ser elogiado.				
SOMATÓRIO				

CULPA

Afirmação	Nunca (0)	Ainda (1)	Frequentemente (2)	Sempre (3)
Acredito que a responsabilidade do que acontece comigo é dos outros.				
Não gostos de situações onde me sinto prejudicado.				

Tenho aversão à injustiça.				
Fico indignado quando me percebo numa situação em que não posso agir para solucionar.				
Procuro o culpado nas situações de conflito.				
SOMATÓRIO				

FAMÍLIA

Afirmação	Nunca (0)	Ainda (1)	Frequente-mente (2)	Sempre (3)
Tenho dificuldade de lidar com objeções e com o "não".				
Tenho dificuldade de me posicionar contra alguém que considero uma autoridade.				
Considero normal o tratamento interpessoal agressivo.				
O humor e estado emocional dos membros da minha família me influenciam.				

// **A culpa não é minha!?**

Sinto-me na obrigação de evitar conflitos em família.			
SOMATÓRIO			

JUSTIFICATIVAS				
Afirmação	Nunca (0)	Ainda (1)	Frequentemente (2)	Sempre (3)
Adio compromissos agendados.				
Não gosto de lidar com diferenças.				
Não valorizo as recompensas que recebo pelo que estou fazendo.				
Sinto preguiça.				
Dou justificativas quando não consigo honrar um compromisso.				
SOMATÓRIO				

Uma vez preenchida todas as tabelas anteriores e feitas as somas dos pontos de cada um dos grupos, temos material para preencher a seguinte tabela, que contempla todos os fatores para calcular o seu fator de impedimento:

FATOR	SOMATÓRIOS
Comodismo	
Vitimização	
Crenças	
Medo	
Orgulho	
Mídia	
Religião	
Vergonha	
Culpa	
Família	
Justificativa	
Total dos fatores de impedimento.	

// A culpa não é minha!?

Agora, calcule seu índice de fatores de impedimento:

_____ ÷ 165 = _____ x 100 = _____ %
total calculado anteriormente   resultado da divisão   índice de impedimento

Com esta tabela preenchida, para facilitar a visualização, lance os valores no gráfico a seguir, na linha horizontal, nos fatores influenciadores do conflito e na linha vertical está uma escala de números que vai de 0 a 15, e onde cada intervalo representa uma zona de maior impacto deste fator na sua relação com o conflito.

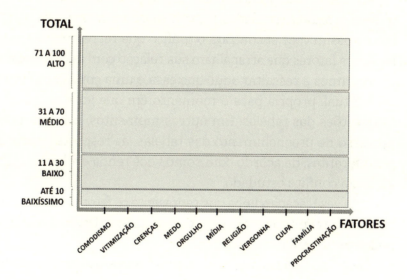

Antes de continuar sua análise, queremos sugerir que você marque com um ponto os valores obtidos na tabela anterior e os coloque no gráfico. À medida que marca os valores na vertical, este ponto se localizará em alguma zona específica de impacto que este fator causa na sua relação com o conflito. Assim, de acordo com o intervalo localizado, você saberá qual é o grau de desenvolvimento de cada uma das suas habilidades.

Allessandra Canuto, Adryanah Carvalho & Ana Luiza Isoldi

- Índice de baixíssimo impacto, variando de 0% a 10%;
- Índice de baixo impacto, variando de 11% a 30%;
- Índice de médio impacto, variando de 31% a 70%;
- Índice de alto impacto, variando de 71% a 100%.

De acordo com o valor do somatório encontrado em cada fator, você marcará na vertical o ponto correspondente no gráfico. Cada ponto marcado irá se localizar em alguma das quatro zonas demarcadas, alertando você sobre o grau de influência negativa para sua participação no conflito analisado. Cada fator estudado estará, então, classificado em uma das quatro categorias: quase não influencia negativamente, baixa influência negativa, média influência negativa, ou alta influência negativa.

Após alocar no gráfico todos os pontos referentes aos somatórios dos fatores estudados, faça a ligação dos mesmos com uma linha e assim você encontrará o gráfico que representará a oscilação dos fatores que atrapalham sua relação com as diferenças.

Voltamos a ressaltar aqui, que essa é uma condição temporal pontual, própria para o momento em que você respondeu as questões das tabelas. Em outros momentos, com um novo processo de preenchimento das tabelas, as respostas poderão ser diferentes, de acordo com como você tenha evoluído na solução do conflito estudado.

Uma vez traçada a linha que representa os fatores que mais dificultam ou comprometem seu posicionamento frente ao conflito, podemos fazer algumas avaliações:

Anote, no quadro a seguir, os três fatores que mais o prejudicam e responda as perguntas que seguem nos quadrantes. O objetivo do exercício a seguir é fazer você perceber o porquê cada fator ainda está presente na sua vida. E depois entender que só mantemos um determinado fator, mesmo que negativo, se consciente ou inconscientemente estivermos ganhando algo com ele.

Nosso convite é para que você pense a respeito do que você perde ao mudar esse padrão para um ponto de equilíbrio. E, finalmente, escolher uma nova atitude para praticar,

154

// A culpa não é minha!?

a fim de mudar esse padrão. Chamamos essa atitude de "antídoto", porque acreditamos que dentro do que nos prejudica, se encontra um fator que nos ajuda.

Fatores	Por que você acredita que este fator ainda se manifesta na sua vida? O que você ganha com isso?	O que você perde ao mudar este padrão para o seu antídoto?	Escolha uma atitude antídoto para colocar em prática imediatamente.

Após esse entendimento completo e as escolhas de novas atitudes em relação ao seu posicionamento para com os fatores impeditivos, será possível reduzir ou até mesmo resolver o conflito.

Pois bem, como você pode perceber, com essa análise é possível saber o que tem o impedido de lidar melhor com o conflito e criar ações para que isso o impacte cada vez menos.

155

Contudo, não adiantaria chegarmos até aqui, ao diagnóstico do conflito, se não conhecermos qual é a nossa capacidade real e atual de lidar com o mesmo. Somente se tivermos bem desenvolvidas as habilidades necessárias para tratar o conflito, é que teremos resultados efetivos na sua solução.

Seguimos, então, para o terceiro diagnóstico, que é a avaliação das nossas habilidades para solucionar o conflito, ou seja, vamos mensurar se estamos preparados ou não para solucioná-lo. Se a resposta for sim, com que potência?

Usaremos a mesma metodologia proposta na primeira etapa do diagnóstico, isto é, um grupo de cinco perguntas para cada habilidade, cujas respostas nos levarão a uma tabela, até que cheguemos a outro gráfico. Nele, teremos a clara percepção do quanto estamos preparados para resolver o conflito, considerando esse conjunto de habilidades.

Informação 3: analisando as habilidades necessárias para resolver o conflito

Metodologia de resposta

Serão apresentados grupos de cinco frases, referentes a cada uma das habilidades necessárias na resolução de conflitos, conforme já detalhados no passo 3 deste método:

- Percepção;
- Alinhamento de expectativas;
- Comunicação;
- Empatia;
- Energia sexual;
- Negociação.

Assim como você fez no exercício anterior, vai marcar com um X a coluna com a frequência que mais representa sua realidade a respeito desta afirmação descrita: nunca, às vezes, frequentemente ou sempre. A cada uma destas respostas será atribuído um valor, conforme mostra a tabela a seguir:

Nunca	Às vezes	Frequentemente	Sempre
0	1	2	3

// A culpa não é minha!?

Vamos fazer um exemplo:

Parte 1: primeiro você lê a afirmação e escolhe qual intensidade mais representa sua realidade (você fará o mesmo com cada um dos demais fatores). Ao final de cada série de cinco afirmações de cada fator, você fará o somatório dos valores atribuídos e obterá um resultado representativo específico. Veja o exemplo, a seguir, sobre como calcular um fator específico. Você fará o mesmo com todos os fatores, um de cada vez.

Ampliar a percepção				
Perguntas	Nunca (0)	Às vezes (1)	Frequentemente (2)	Sempre (3)
Numa situação de conflito você evita a generalização?				3
Numa situação de conflito você considera todos fatos e informações?			2	
Numa situação de conflito você analisa vários pontos de vista?		1		
Numa situação de conflito você percebe sua percepção?				3
Diante de um conflito você foca na solução?				3
SOMATÓRIO			12	

Parte 2: assim como antes, você lançará todos os resultados finais de cada fator, numa única tabela, fará a somatória do total e depois aplicará este valor na fórmula.

O resultado desta fórmula é o seu atual índice de habilidades que auxiliam você a lidar melhor com os conflitos. Este índice em percentual será utilizado mais à frente no seu conflitômetro.

_____ ÷ 75 = _____ x 100 = _____ %

total calculado anteriormente   resultado da divisão   índice de habilidade

Parte 3: para facilitar a visualização e conseguir avaliar o quanto este índice está contribuindo ou não na sua relação com o conflito, o gráfico mostra quatro zonas de impacto. Cada uma representa um grau de habilidade e influenciará na forma de lidar com a situação na hora que relacionarmos o índice de impedimento com o índice de habilidade no quadro chamado conflitômetro, que apresentaremos à frente.

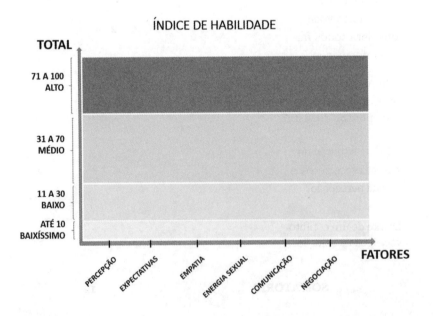

// **A culpa não é minha!?**

Agora, como exemplificamos com a habilidade percepção, você pode seguir completando as tabelas relativas às outras habilidades, para, no final termos um quadro geral sobre como estão suas habilidades para lidar com o conflito em questão – isso tudo considerado dentro daquele momento do preenchimento das tabelas.

Agora é com você. Preencha as cinco tabelas a seguir e siga o passo a passo até chegar ao conflitômetro.

Utilize o jogo completo de tabelas, sempre que quiser fazer as suas autoavaliações periódicas quanto às suas habilidades.

Lembre-se sempre de que, para preencher essas tabelas com suas respostas, é necessário que você tenha em mente um determinado conflito que esteja vivendo. Assim, o resultado desta avaliação vai indicar a você como cada uma dessas habilidades precisa ser trabalhada para ajudá-lo a resolver o conflito.

Ampliar a percepção				
Perguntas	**Nunca (0)**	**Às vezes (1)**	**Frequentemente (2)**	**Sempre (3)**
Numa situação de conflito você evita a generalização?				
Numa situação de conflito você considera todos fatos e informações?				
Numa situação de conflito você analisa vários pontos de vista?				
Numa situação de conflito, você identifica sua percepção?				
Diante de um conflito você foca na solução?				
SOMATÓRIO				

159

Fazer alinhamento de expectativas constantemente. Falar o óbvio.

Perguntas	Nunca (0)	Às vezes (1)	Frequentemente (2)	Sempre (3)
Você fala o óbvio, mesmo quando lembra que é óbvio?				
Ao fazer uma solicitação você declara suas reais necessidades? Diz por que quer o que quer?				
Você propõe o alinhamento de expectativas recorrentemente?				
Você tem detalhadamente o que quer?				
Você se interessa em saber por que o outro quer o que está te pedindo?				
SOMATÓRIO				

Melhorar a comunicação

Perguntas	Nunca (0)	Às vezes (1)	Frequentemente (2)	Sempre (3)
Você adéqua sua comunicação à forma de ouvir do outro para facilitar o entendimento?				
Você se dispõe a ouvir (ativamente) as pessoas falarem sobre o que pensam e sentem?				

// A culpa não é minha!?

	Nunca (0)	Às vezes (1)	Frequentemente (2)	Sempre (3)
Você se comunica expressando com a sua fala, o que sente, pensa e faz?				
Você tem detalhadamente o que quer?				
Você expressa de forma clara suas necessidades verdadeiras e consegue perceber as do outro no diálogo?				
SOMATÓRIO				

Oferecer empatia recorrentemente				
Perguntas	**Nunca** (0)	**Às vezes** (1)	**Frequentemente** (2)	**Sempre** (3)
Você consegue se colocar no lugar do outro e compreender, verdadeiramente, os pensamentos e sentimentos que ele tem e a forma de ele agir?				
Você reconhece a dificuldade exposta pelos outros sem questionar ou competir?				
Você evita dar conselhos e impor sua forma de pensar?				

Allessandra Canuto, Adryanah Carvalho & Ana Luiza Isoldi

Você consegue fazer a outra pessoa perceber que está sendo ouvida e compreendida?		
Você é empático consigo mesmo?		
SOMATÓRIO		

Transmutar a energia sexual				
Perguntas	**Nunca (0)**	**Às vezes (1)**	**Frequentemente (2)**	**Sempre (3)**
Você percebe a influência da sua energia sexual no seu estado emocional?				
Você cuida da sua aparência pessoal, para que seja cada vez mais marcante e presente?				
Você valoriza e cuida da sua libido?				
Você considera o sexo um recurso de transmutação, crescimento e amadurecimento?				
Você se considera uma pessoa sedutora?				
SOMATÓRIO				

// **A culpa não é minha!?**

Propor negociação ganha-ganha

Perguntas	Nunca (0)	Às vezes (1)	Frequentemente (2)	Sempre (3)
Você compreende o porquê quer o que você quer. Quando vai negociar?				
Você tem prepara/planeja uma carta na manga antes de ir para uma negociação. Caso ela não dê certo, você sabe o que irá fazer?				
Você cria o máximo possível de opções para propor meios de solução, considerando as suas necessidades e as da outra parte?				
Você demonstra legitimidade a respeito do que está propondo em suas negociações?				
Você separa o problema a ser tratado das pessoas envolvidas no dilema?				
SOMATÓRIO				

Novamente chegamos a uma tabela que resume os somatórios das tabelas anteriores. Preencha os quadrantes a seguir com as somas dos quadros anteriores e tenha o total da somatória que você irá usar na fórmula logo abaixo para calcular seu índice de habilidades para lidar com o conflito.

FATOR	SOMATÓRIOS
Ampliar percepção.	
Alinhamento e expectativas.	
Melhorar a comunicação.	
Oferecer empatia.	
Transmutação da energia sexual.	
Propor ganha-ganha.	
Total das habilidades	

Agora, transcreva abaixo os resultados obtidos e calcule seu índice de habilidades:

_____ ÷ 75 = _____ x 100 = _____ %

total calculado acima   resultado da divisão   este é seu índice de habilidade

// A culpa não é minha!?

Usando os valores obtidos na tabela anterior, coloque seus pontos no gráfico. À medida que marca os valores na vertical, esse ponto se localizará em alguma zona específica de desenvolvimento de cada habilidade. Assim, de acordo com o intervalo localizado, você saberá qual é o grau de desenvolvimento de cada uma das suas habilidades.

• **Índice de habilidade baixíssimo,** variando de 0% a 10%;

• **Índice de habilidade baixo ou pouco desenvolvido,** variando de 11% a 30%;

• **Índice de habilidade médio ou bem desenvolvido,** variando de 31% a 70%;

• **Índice de habilidade alto ou superdesenvolvido,** variando de 71% a 100%.

Com esta tabela preenchida, lançaremos os valores em nosso gráfico, que nos permitirá avaliar o grau de cada habilidade fundamental para acabar ou diminuir o conflito.

Neste novo gráfico, na linha horizontal, estão as habilidades e na linha vertical, uma escala de números que representa o quanto a habilidade está desenvolvida, incluindo não desenvolvida, pouco ou muito desenvolvida.

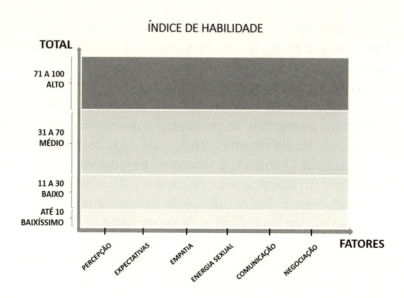

Após localizar todos os pontos referentes aos somatórios, faça a ligação dos mesmos e, assim, encontrará uma linha que representará o grau de desenvolvimento das suas habilidades.

Preste atenção especial a alguns pontos que facilitarão muito a interpretação das informações contidas nos gráficos:

- Veja a zona em que a linha se localiza. Ela informará, de uma forma geral, qual a capacidade já instalada nessa pessoa, para resolver o conflito;
- Você saberá quais habilidades ainda não foram desenvolvidas, as já desenvolvidas, e em que grau de desenvolvimento estão.

Resumindo, você terá, de uma forma geral, a avaliação da sua capacidade de solução, frente ao momento desafiador do conflito em questão.

Voltamos a ressaltar, aqui, que essa é uma condição temporal pontual, própria para aquele momento em que você respondeu as questões das tabelas. Em outros momentos, com um novo ato de preenchimento das tabelas, as respostas poderão ser diferentes, de acordo com como você tenha evoluído na solução do conflito estudado.

Levando em consideração que este gráfico revela muitas informações a seu respeito, convidamos você a transformar essas informações em sabedoria. Para isso, é necessário utilizá-las a seu favor. Então, preparamos a tabela a seguir para facilitar sua reflexão e o seu desenvolvimento em termos de habilidades para lidar com conflitos.

Anote no quadro seguinte as suas duas habilidades que mais o auxiliam e responda as perguntas que seguem nos quadrantes. Depois, faça o mesmo com as suas duas habilidades menos desenvolvidas. O objetivo do exercício é ajudar você a perceber o que já faz com maestria e o incentivar a utilizar esse recurso com mais consciência – afinal, demanda menos esforço fazer melhor o que já fazemos bem e isso pode trazer resultados mais rápidos. Da mesma maneira, conscientize-se sobre os pontos em que você tem menor habilidade e se proponha a desenvolver esses pontos, mesmo que por meio de pequenos passos.

// A culpa não é minha!?

Habilidades mais desenvolvidas.	O que ajuda você a fazer isso bem?	O que pode ajudá-lo a fazer isso ainda melhor?
Habilidades pouco desenvolvidas.	O que impede você de utilizar melhor este recurso?	O que você pode fazer para desenvolver um degrau desta habilidade?

Falando em estratégia, que tal usar o conflitômetro?

A ferramenta a seguir tem o objetivo de nos ajudar a criar um diagnóstico para análise do empenho que teremos que demandar para a resolução do conflito em pauta. Considerando a variação abaixo:

E	ALTÍSSIMO
M	MUITO ALTO
P	ALTO
E	MÉDIO ALTO
	MÉDIO
N	MÉDIO BAIXO
H	BAIXO
O	MUITO BAIXO
	BAIXÍSSIMO

Para facilitar o processo, transcreva para a tabela abaixo os resultados obtidos nos testes anteriores:

% do índice de impedimento	% do índice de habilidades	Grau do conflito em questão
Exemplo: 49% (Médio impacto) Resultado da fórmula da página 153.	**Exemplo:** 71% (Alto) Resultado da fórmula da página 164.	**Exemplo:** Alto Resultado da reflexão registrado na tabela da página 141.
Classificação Médio empenho		

Procure na tabela a seguir as classificações referentes aos seus resultados. Comece pela coluna de índice de impedimentos e depois faça o mesmo com a coluna seguinte, que é a do índice de habilidades. Ao achar a linha onde as duas informações se encontram uma ao lado da outra, siga nela, observando na parte superior da tabela, o grau do conflito que você definiu para sua questão atual. Neste cruzamento estará o nível de empenho que você precisará disponibilizar para resolver o conflito atual.

Depois da tabela, fizemos uma explicação para cada nível de empenho e uma sugestão de solução para este cenário.

// A culpa não é minha!?

Intensidade do empenho para resolução do conflito: conflitômetro

Índice impedimento	Índice habilidade	GRAU DO CONFLITO			
		BAIXO	MÉDIO	ALTO	
Impedimento alto	Habilidade alta	Médio baixo	Médio	Médio alto	NÍVEL DE EMPENHO
Impedimento alto	Habilidade Médio	Médio	Médio Alto	Alto	
Impedimento alto	Habilidade Baixa	Médio Alto	Alto	Muito alto	
Impedimento alto	Habilidade Baixíssima	Alto	Muito Alto	Altíssimo	
Impedimento médio	Habilidade alta	Médio Baixo	Médio	Médio Alto	NÍVEL DE EMPENHO
Impedimento médio	Habilidade Médio	Médio	Médio alto	alto	
Impedimento médio	Habilidade Baixa	Médio baixo	Médio	Médio alto	
Impedimento médio	Habilidade Baixíssima	Médio Alto	Alto	Muito alto	

					NÍVEL DE EMPENHO
Impedimento Baixo	Habilidade alta	Muito baixo	Baixo	Médio baixo	
Impedimento Baixo	Habilidade Médio	Baixo	Médio Baixo	Médio	
Impedimento Baixo	Habilidade Baixa	Médio baixo	Médio	Médio alto	
Impedimento Baixo	Habilidade Baixíssima	Médio	Médio Alto	Alto	
Impedimento baixíssimo	Habilidade alta	Baixo	Muito Baixo	Baixíssimo	NÍVEL DE EMPENHO
Impedimento baixíssimo	Habilidade Médio	Muito Baixo	Médio	Médio alto	
Impedimento baixíssimo	Habilidade Baixa	Médio	Médio Alto	Alto	
Impedimento baixíssimo	Habilidade Baixíssima	Médio Alto	Alto	Muito alto	

// A culpa não é minha!?

Para que você utilize, positivamente, este recurso, em primeiro lugar é importante salientar que ele indica uma direção em relação ao quanto de energia você deverá colocar em seu empenho para solucionar o conflito em questão. Por isso, mantenha-se imune a autojulgamentos e foque seus esforços no pensamento estratégico positivo de ter chegado até aqui e poder usar estas informações a seu favor. Esta classificação nos permite entrar numa curva de aprendizado a nosso próprio respeito, em relação aos conflitos, e assim nos auxiliar no processo de desenvolvimento. Evite o autoflagelo, pois ele consome muita energia.

Vamos ao entendimento do que estamos sugerindo como hipótese de interpretação para cada indicação do conflitômetro:

NÍVEL DE	ALTÍSSIMO
E	MUITO ALTO
M	ALTO
P	MÉDIO ALTO
E	MÉDIO
N	MÉDIO BAIXO
H	BAIXO
O	MUITO BAIXO
	BAIXÍSSIMO

Empenho altíssimo

Este indicador mostra que seu índice de impedimento está muito maior que seu índice de habilidade para lidar com o grau do conflito que se apresenta. Por isso, você precisará utilizar todos os seus esforços para lidar com a situação em questão. Para garantir segurança e agilidade no desenrolar deste processo, sugerimos que você busque ajuda de terceiros para encontrar suas respostas.

Uma boa solução seria inserir no processo um consultor ou um especialista, que poderia fornecer todas as informações ou ferramentas necessárias para resolver a questão de uma maneira mais estruturada. Nesses casos, pode ser pensado também na hipótese de o consultor atuar diretamente na solução do conflito.

Empenho muito alto

Este fator mostra que seu índice de impedimento ainda está superando seu índice de habilidade para lidar com o grau do conflito que você está vivendo. Nossa sugestão é que você mapeie o máximo possível as informações a respeito da situação e ainda continue com o plano de procurar ajuda, mas desta vez, trate diretamente a questão, principalmente ao se conscientizar da necessidade de utilizar o máximo possível das habilidades que você já tem disponível.

Empenho alto

Este indicador aponta uma leve diferença entre seu índice de habilidades e seu índice de impedimentos, o que significa que você precisa de um alto empenho para lidar com a questão em pauta, porém também aponta que com pequenos esforços focados, você sai desta situação para uma zona de equilíbrio. A sugestão, neste caso, é para que você, além de buscar ajuda de um especialista para agilizar a solução de seu conflito, procure também trabalhar no desenvolvimento de suas habilidades e no tratamento para diminuir o impacto do que o impede de lidar melhor com os conflitos.

Empenho médio alto

Esta indicação aponta que seu índice de habilidades e o seu índice de impedimentos para lidar com o grau do conflito que você está vivendo estão praticamente equivalentes, porém aponta para uma necessidade de atenção maior. Por isso, indicamos que você busque ajuda de um mentor, alguém que já tenha passado por uma experiência parecida com a sua e possa auxiliar você na criação de uma estratégia para solução do conflito.

// A culpa não é minha!?

Empenho médio

Aqui ainda vemos uma boa diferença entre seus índices, mas, dessa vez, o índice de habilidade supera, mesmo que pouco, seu índice de impedimento. Nesse cenário, propomos que você se envolva num processo de *coaching*, pois já tem habilidades desenvolvidas e poderá potencializá-las ainda mais utilizando as ferramentas adequadas.

Empenho médio baixo

Este indicador mostra que o grau de conflito que você está enfrentando é compatível com seu índice de habilidades e que seu índice de impedimento não está impactando tanto quanto nos outros indicadores. Nesse caso, recomendamos que você reveja suas habilidades para criar várias hipóteses de solução da situação e então elabore um plano de ação para resolver de uma vez o que o está incomodando.

Empenho baixo

As coisas não estão difíceis de serem resolvidas, afinal você tem consciência de suas habilidades e também é pouco impactado por seus impedimentos. Então, que tal aproveitar este cenário para desenvolver ainda mais sua predisposição a ser um ótimo solucionador de conflitos? O que você acha de fazer alguns treinamentos para se capacitar e ter cada vez mais sucesso nas questões que surgem para você resolver? Para escolher o melhor treinamento para o seu caso, analise qual das suas habilidades estão pouco desenvolvidas e foque em uma delas de cada vez. À medida que for fazendo os treinamentos, você vai descobrir novos caminhos para desenvolver todas as suas habilidades.

Empenho muito baixo

A situação que se apresenta está bem fácil de ser solucionada, basta você utilizar todo seu repertório de habilidades e sua capacidade de evitar impedimentos, a favor de encontrar a melhor solução. Como no caso anterior, é bastante interessante você buscar capacitações para potencializar ainda mais sua competência de lidar com desafios. Além disso, aproveite para trabalhar no desenvolvimento dos seus antídotos contra seus impedimentos e tudo fluirá com muita leveza.

Empenho baixíssimo

Quando na sua avaliação aparece esta indicação, significa que você está diante de uma situação em que seu nível de habilidade é muito superior ao seu índice de impedimentos e o grau do conflito se torna irrelevante. Isso mostra que você consegue dar conta da situação, sem requerer muito esforço. A sugestão, nesse caso, é para que você apenas fique atento quanto a utilizar suas habilidades de maneira consciente e que também se desafie, utilizando sua sabedoria em favor de criar soluções que impactem positivamente o seu entorno.

Por fim, é importante que você consiga enxergar a si mesmo e se autoavaliar com clareza, enquanto percorre o caminho da leitura deste livro. Dessa maneira, é possível que você já se movimente na trajetória para a solução de um conflito que o esteja incomodando.

É a partir da nossa consciência de responsabilidade sobre um conflito que conseguimos construir sugestões de solução para o desafio.

Para analisar a nossa evolução para a resolução do conflito

Para fecharmos uma visão humana e responsiva em relação ao conflito que está em pauta na sua mente ou na sua vida, que tal analisar o ponto em que você está localizado neste momento? Veja a figura a seguir e sinalize, pintando o ícone que representa o momento do percurso em que você sente estar. Desafie-se com uma ação que possa levá-lo ao próximo nível.

Compilando tudo no conflitômetro

Como você pode perceber, este livro propõe uma série de reflexões e sugestões de exercícios que desenvolvem o seu "músculo solucionador de conflitos". É uma questão de autoanálise, definição de uma estratégia a se desenvolver e ação para realizar o seu potencial de viver uma vida mais leve.

ENCERRAMENTO

// A culpa não é minha!?

Uma estrada em direção a nós mesmos

Ao longo da nossa jornada de vida, muitas vezes, temos que ampliar nossa percepção para lidar com novas fases, desafios, desejos, descobertas e, principalmente, novos conflitos gerados por tantas novidades. O processo não acaba nunca, pois estamos eternamente em evolução e nossa percepção do mundo e de nós mesmos se expande continuamente. E, quanto mais ela se torna maior, mais coisas enxergamos, que anteriormente não eram possíveis ser vistas.

Quando falamos em ampliar nossa percepção, nos vem à mente a imagem de entrar numa roda gigante panorâmica. Ao mesmo tempo que nos dá um frio na barriga ao embarcarmos na cabine, também vem um sentimento de completude, porque nos permitimos experimentar novas perspectivas. Imagine-se navegando por sua vida e a enxergando em diferentes alturas, ao mesmo tempo em que consegue olhá-la por diversos ângulos, numa extensão de 360° ao seu redor. É algo que provoca uma sensação incomparável.

Ampliar nossa percepção é parte contínua de nossa jornada – não é algo que fazemos pontualmente e pronto. É uma escolha constante de nos deslocarmos para outras posições e níveis de compreensão, que proporcionam um novo olhar sobre a nossa própria vida.

Dito isso, nos cabe reforçar aqui que os conflitos são as principais oportunidades que recebemos para ampliar e mudar a nossa forma de ver a vida. E isso sugere, então, que cultivemos a coragem, a ternura e a conexão com nós mesmos e com os outros, para facilitar nossa passagem pelos novos caminhos que se abrem e extrair o melhor de cada momento vivido.

Enfrentar, superar e resolver conflitos é como sentir-se em construção, constantemente, de maneira que precisamos, a cada passo, desafiar a nós mesmos e reaprender a agir com confiança e determinação, em um processo de aperfeiçoamento contínuo.

Quando falamos em cultivar coragem, ternura e conexão, não queremos que você pense em nada mirabolante, mas sim trabalhe uma interpretação simples de cada um destes recursos:

179

Coragem: agir ou falar, honestamente, a partir da consideração de respeitar quem somos, o que sentimos e nossas experiências boas ou ruins.

Ternura: lidar de forma relaxada com aquilo que nos amedronta, se permitir olhar para o que nos afeta e acolher, carinhosamente, nossos receios, deixando a autocrítica de lado.

Conexão: atenção para consigo, uma presença de estar a todo momento dentro do próprio corpo, percebendo suas sensações e suas reações aos estímulos. A partir desta conexão individual, será mais fácil a conexão com os outros ao seu redor.

Coragem, ternura e conexão são ferramentas mágicas na hora de se resolverem conflitos.

Lidar com conflitos nos coloca em uma estrada em direção a nós mesmos. É como se a vida fosse uma grande gincana do tipo "caça ao tesouro", cheia de pistas e de pegadinhas, mas que, diferentemente das brincadeiras comuns em que a gente só encontra o pote de ouro no final, nesta brincadeira chamada vida a gente já nasce com um pote cheio de ouro e encontramos no percurso vários outros "prêmios" para juntar ao nosso pote.

É assim que entendemos que os conflitos experimentados em nossas vidas sempre são prêmios, verdadeiras bonificações neste *game*, que vêm à medida em que aprendemos com os desafios. Ampliar nossa percepção durante uma situação de conflito costuma trazer resultados e ganhos surpreendentes.

Mas, é importante entender que nessa viagem não existe um mapa preestabelecido a ser seguido. Então, prepare-se para as surpresas, para o inimaginável. Porque é assim que a vida é: imprevisível. À medida em que damos um passo é que descobrimos qual será o próximo. Por isso, ressaltamos a importância do cultivo da coragem, ternura e conexão, para usar, diariamente, como ferramentas de trabalho e partituras de canções que fazem parte do seu repertório.

O que vale mesmo considerar aqui é que tudo aquilo que chamamos de crises ou de conflitos, aquelas situações que acontecem em algumas esferas da nossa vida e que afetam a

// A culpa não é minha!?

nossa relação com o mundo e com as pessoas, podem muito bem ser chamadas de "manifestações" – algo que nos confronta e nos convida (ou mesmo nos obriga) a encarar e enfrentar aquelas coisas que não queremos mais viver.

Uma "manifestação" nos desafia a lidar com o que nos incomoda, amplia a nossa percepção e nos coloca de volta ao caminho, rumo à nossa realização mais ampla. Para finalizar, gostaríamos de dizer que a melhor forma de agir quando nos deparamos com um conflito é dar as boas-vindas a ele. Afinal, ele é o nosso passaporte para o nosso próximo estágio de evolução na vida.

O poder da escolha

Na vida tudo são escolhas, não existe certo e nem errado. O que existe são escolhas que funcionam como estímulos que geram respostas desejáveis e outras que não levam à solução da situação que provocou a necessidade de decisão. Escolher é um movimento natural da vida. Inclusive o fato de optar por não escolher diante de uma determinada situação também é uma escolha.

Em toda jornada encontramos obstáculos, barreiras e podemos escolher não transpô-los, temos o direito de optar por não ampliar nossa percepção e nos rendermos à mesmice paralisante que estejamos vivendo naquele momento. Tudo bem, desde que estejamos conscientes de que a escolha é nossa e que todas as consequências que surgirem serão vividas também por nós. Mas, hoje, já sabemos que decidir resolver os conflitos sempre é a melhor opção. Sabemos que temos condições para tanto.

Para escolhermos o que fazer sem sentimento de culpa, precisamos exercitar a autopermissão e a responsabilização, dois elementos que se relacionam em um movimento que lembra uma dança. Vamos experimentando passos e ritmos que nos proporcionam aprendizados e nos ajudam a fazer novas escolhas.

Exercer nosso poder de escolha pode ser algo muito agradável, mesmo quando gera aquele famoso frio na barriga. Se reconhecermos quem somos e o contexto em que estamos inseridos, saberemos quais são os nossos ritmos prediletos e os passos que temos facilidade ou dificuldade em executar. E, assim, diante de novas circunstâncias, estaremos confiantes de que a diversão estará garantida, ganhando novos estímulos para seguir adiante.

A cada nova fase e nova descoberta, vamos nos dando conta de que estamos conhecendo a nós mesmos verdadeiramente e isso gera mais conexão com nossa autenticidade. E nos conectamos com a coragem de seguir adiante com a leveza de não ter que ficar gastando energia com situações que não agregam aprendizado em nossas vidas, além de nos afastar de quem somos de verdade.

Exercer o ato de escolher nos dá poder sobre a nossa vida, nos proporciona mais satisfação e permissão para desfrutar dos prazeres, além de nos habilitar a lidar melhor com situações difíceis, tais como os conflitos. Mas, é preciso ter consciência desse poder para usá-lo. Já disse a escritora norte-americana Alice Walker: "O jeito mais comum de alguém abrir mão do poder é acreditar que não tem nenhum".

Acredite: você tem o poder de identificar, mediar e resolver conflitos e usar isso para o seu crescimento pessoal e profissional. Não importa de que dimensão os conflitos sejam, agora você tem as ferramentas necessárias para tratá-los como as oportunidades que eles são e representam.

Cabe a você, agora, passar a incentivar outras pessoas a olharem para os conflitos como algo positivo. E em vez de evitarem lidar com as dificuldades que se apresentam, partirem para o enfrentamento dos desafios, entendendo-os como convites para aproveitarem as oportunidades que a vida proporciona.

O maior ganho trazido pelos conflitos é a possibilidade de encontramos novas estradas para a nossa evolução profissional, pessoal, emocional e espiritual. E, assim, nos projetarmos a um novo nível de entendimento e aproveitamento da vida.

Então, aproveite os conflitos e tenha mais sucesso!

Allessandra Canuto, Adryanah Carvalho e Ana Luiza Isoldi

Referências

ACLAND, Andrew Floyer. *Cómo utilizar la mediación para resolver conflictos em las organizaciones*. Barcelona: Paidós Empresa, 2004.

AZEVEDO, André Gomma (org). *Manual de mediação judicial*. 3. ed. Brasília: Ministério da Justiça e Programa PNUD, 2012.

BROWN, Brene. *A coragem de ser imperfeito*. Rio de Janeiro: Sextante, 2013.

BURBRIDGE, R. Marc. (et al). *Gestão de negociação: como conseguir o que se quer sem ceder o que não se deve*. 2.ed. São Paulo: Saraiva, 2007.

BUSCH, Robert A. Baruch; FOLGER, Joseph P. *La promesa de la mediación: cómo afrontar el conflicto mediante la revalorización y el reconocimiento*. Buenos Aires: Granica, 2006.

CALMON, Petrônio. *Fundamentos da mediação e da conciliação*. Rio de Janeiro: Forense, 2007.

CARAM, María Elena; EILBAUM, Diana Teresa; ROSOLÍA, Matilde. *Mediación: diseño de una práctica*. Buenos Aires: Histórica, 2006.

CRUZ, Camilo. *La vaca*. 5. ed. Florida (EUA): Taller de Éxito, 2008.

DI NIZO, Renata. *O meu, o seu, o nosso querer: ferramentas para a comunicação interpessoal*. Ágora, 2007.

ECHEVERRÍA, Rafael. *Actos de lenguaje: la escucha*. Buenos Aires: Granica: Juan Carlos Saéz Editor, 2008.

ENTELMAN, Remo. *Teoría de conflictos: hacia um nuevo paradigma*. 1.reimp. Barcelona: Gedisa, 2005.

FIORELLI, José Osmir; MALHADAS JR., Carlos Julio Olivé; MORAES, Daniel Lopes de. *Psicologia na mediação: inovando a gestão de conflitos interpessoais e organizacionais*. São Paulo: LTr, 2004.

FISHER, Roger; URY, Willian; PATTON, Bruce (revisão). *Como chegar ao sim: como negociar acordos sem fazer concessões*. Rio de Janeiro: Solomom, 2014.

GARCIA, Luís Fernando. *Cérebro de alta performance*. São Paulo: Editora Gente, 2013.

GAUDENCIO, Paulo. *Minhas razões tuas razões, a origem do desamor*. São Paulo: Editora Gaia, 2014.

GODBERG, Jane G. *Tenho raiva: o poder positivo das emoções negativas nos relacionamentos*. São Paulo: Mercuryo, 2000.

GOLEMAN, Daniel. *Foco: a intenção e seu papel fundamental para o sucesso*. Rio de Janeiro. Objetiva, 2014.

GOLEMAN, Daniel. *Inteligência emocional: a teoria revolucionária que define o que é ser inteligente*. Rio de Janeiro. Objetiva, 2012.

HERCULANO-HOUZEL, S. *O cérebro nosso de cada dia. Descobertas da neurociência sobre a vida cotidiana*. Rio de Janeiro: Vieira & Lent, 2002.

HILL, Napoleon. *Quem pensa enriquece*. São Paulo: Editora Fundamento Educacional, 2009.

HOUAISS, Antônio Houaiss; VILLAR, Mauro de Salles. *Dicionário Houaiss da Língua Portuguesa*. Rio de Janeiro: Objetiva, 2001.

ISERT, B. *A linguagem da mudança*. Rio de Janeiro: Qualitymark, 2004.

KRZNARIC, Roman. *O poder da empatia: a arte de se colocar no lugar do outro para transformar o mundo*. Rio de Janeiro: Zahar, 2015.

LEDERACH, Jean Paul. *Transformação de conflitos*. São Paulo: Palas Athena, 2012.

LIMA, André. *O que são crenças limitantes*. Disponível em: <https://www.eftbrasil. com.br/artigo/geral/o-que-sao-crencas-limitantes-1/>.

LONGO, Enrique Fernández. *La negociación inevitable: conmigo y contigo*. Colección Centro para un Nuevo Liderazgo. Buenos Aires: Grupo Abierto Comunicaciones, 2004.

MOORE, Christopher W. *O processo de mediação: estratégias práticas para a resolução de conflitos*. 2.ed. Tradução por Magda França Lopes. Porto Alegre: Artmed, 1998.

REDORTA, Josef. *Como analizar los conflictos: la tipologia de conflictos como herramienta de mediacíon*. Barcelona: Paidós, 2004.

ROBBINS, Mike. *Seja autêntico: outras personalidades já têm dono. Transforme sua vida sendo você mesmo*. Rio de Janeiro: BestSeller, 2011.

ROSENBERG, Marshall B. *Comunicação não violenta: técnicas para aprimorar relacionamentos pessoais e profissionais*. São Paulo: Ágora, 2006.

ROSNER, Stanley & HERMES, Patricia. *O ciclo da autossabotagem: porque repetimos atitudes que destroem nossos relacionamentos e nos fazem sofrer*. Rio de Janeiro: Editora BestSeller, 2014.

SEYMOUR, J; OCORNNOR, J. *Introdução à programação neurolinguística: Como entender e influenciar as pessoas*. São Paulo: Editora Summus, 1995.

SKINNER, BURRHUS Frederic. A teoria da percepção. Disponível em: <https://pt. wikipedia.org/wiki/Teoria_da_percep%C3%A7%C3%A3o>.

SOLER, Raúl Calvo. *Mapeo de conflitos: técnicas para la exproración de los conflitos*. Barcelona: Gedisa, 2014.

SUARES, Marinés. *Mediación: conducción de disputas, comunicación y técnicas*. 1.ed., 5.reimp. Buenos Aires: Paidós, 2005.

SUARES, Marinés. *Mediando em sistemas familiares*. Buenos Aires: Paidós, 2003.

URY, William, BRETT, Jeanne, GOLDBERG, Stephen. *Resolução de conflitos*. Lisboa: Actual, 1993.

WALKER, Alice. *A cor púrpura*. São Paulo: Marco Zero, 1986.

WATZLAWICK, Paul (e outros). *Pragmática da comunicação humana*. 14. ed. São Paulo: Cultrix, 2004.